L.W Seyffarth

Die Seminarien für Volkschullehrer

Eine historisch-pädagogische Skizze

L.W Seyffarth

Die Seminarien für Volkschullehrer
Eine historisch-pädagogische Skizze

ISBN/EAN: 9783744623520

Hergestellt in Europa, USA, Kanada, Australien, Japan

Cover: Foto ©Paul-Georg Meister /pixelio.de

Weitere Bücher finden Sie auf **www.hansebooks.com**

Die
Seminarien
für
Volksschullehrer.

Eine historisch-pädagogische Skizze

von

L. W. Seyffarth
Rector der Stadtschulen und Hilfsprediger zu Luckenwalde.

Berlin.

Verlag von Julius Springer.

1869.

Vorwort.

Wenn die gegenwärtige Schrift auf die früher von mir verfaßten, die Stadt- und die Dorfschulen, mehrfach Rücksicht nimmt, so bildet dieselbe doch ein für sich bestehendes Ganzes. Sie betrachtet die Volksschullehrer-Bildung nach den Principien der modernen Pädagogik, jedoch nicht mit vollständiger Durchführung in Bezug auf das Technische, sondern nur in andeutenden Umrissen, als Skizze. Hätte ich diese specielle Durchführung gegeben, dann wäre die Schrift ein pädagogisches Lehrbuch geworden, das nur für Pädagogen von Interesse gewesen wäre; so aber nimmt dieselbe auch auf solche Kreise Rücksicht, die sich nicht von Berufswegen mit Pädagogik beschäftigen und sucht diesen das Verständniß der jetzt wieder mehr in den Vordergrund tretenden pädagogischen Fragen zu vermitteln.

Wie die beiden früheren, so baut auch die gegenwärtige Schrift sich auf dem Grunde der Geschichte auf. Da es jedoch nicht meine Absicht ist, ein specifisches Geschichtswerk zu schreiben, so konnte dieselbe nur in allgemeinen Umrissen gegeben werden. Ich bemerke das denen gegenüber, die bei Gelegenheit der Besprechung der Stadt- und Dorfschulen der Geschichte eine größere Ausdehnung gegeben wünschten. Durch eine ausführliche Geschichtsdarstellung würde der Schwerpunkt dieser Schriften verrückt werden.

Wegen eines Punktes muß ich mich noch erklären. Ich habe im II. Kapitel des ersten Theiles eine zusammenhängende Darstellung der Ideen, auf denen die moderne Pädagogik beruht, gegeben. Eigent-

lich hätte diese Darstellung in den „Dorfschulen" gegeben werden
sollen, welche die innere Organisation des Volksschulwesens behan=
deln, während sich die „Stadtschulen" mehr mit der äußern Ein=
richtung beschäftigen; ich habe das dort Versäumte hier nachgeholt
und habe mich dazu um so mehr veranlaßt gesehen, weil ich nicht
die Absicht habe, von jenen Schriften eine zweite Auflage zu ver=
anstalten.

Diese Ideen sind aus Pestalozzi's „Abendstunde eines Ein=
siedlers" entnommen: sie sind in diesem Werke vollständig enthalten.
Pestalozzi erklärt zwanzig Jahre, nachdem er sie niedergeschrieben,
selbst, daß er sie schon damals allumfassend dargestellt habe. Er
schreibt: „Iselins Ephemeriden, (in denen die Abendstunde 1780
zuerst erschien) bezeugen, daß ich den Traum meiner Wünsche nicht
umfassender denke, als ich ihn damals schon auszuführen suchte."

Es ist nothwendig, immer wieder zu diesen Urquellen des
frischen Lebens zurück zu kehren, um daraus neue Kraft und neuen
Muth zu schöpfen. Dem Umfange und der Tendenz dieser Schrift
entsprechend, konnte hier nur ein Auszug der Hauptideen gegeben
werden. Die Paraphrase, in die die einzelnen Abschnitte einge=
schlossen sind, soll mehr die leitenden Gesichtspunkte angeben, als die
tiefsinnigen Ideen in ihrem ganzen Umfange zur Darstellung bringen.
Die Aufstellung dieser Gesichtspunkte schien mir aber bei der eigen=
thümlichen Darstellungsweise Pestalozzi's nothwendig zur Orienti=
rung. Auch Karl v. Raumer gibt in seiner Geschichte der Päda=
gogik (II. Band, S. 379 ꝛc.) eine Analyse der Abendstunde, doch
ist darin gerade der Gipfelpunkt, von dem aus Pestalozzi das ganze
Gebiet der Pädagogik überschaute und auf welchen hin seine ganze
Wirksamkeit abzielte, von dem aus sich ihm auch das Alte neu ge=
staltete, übersehen: nämlich daß die Pädagogik ihr Ziel im Menschen
selbst zu suchen habe, in der ihm von Gott gesetzten Bestimmung,
daß diese Bestimmung der Menschen in der Befriedigung ihres
Wesens in ihrem Innersten liege, der Punkt, auf den Pestalozzi
auch bei allen Einzelideen zurückweist, dem er alle übrigen unter=

ordnet. Wenn man nur diese Einzelideen ohne ihre Beziehung auf den Cardinalpunkt betrachtet, dann erscheinen dieselben kaum neu und Pestalozzi's Verdienst gering; denn die „allgemeine Menschen= bildung" und die „Naturgemäßheit" strebte schon Rousseau, letztere auch Basedow an, und die „Anschauung" hatte schon Comenius in seinem orbis pictus und Basedow in seinem Elementarwerke als die Grundlage alles Unterrichts gefordert; durch das Pestalozzische Princip aber erscheinen auch diese Grundsätze ganz neu und in ihrer eigentlichen Tiefe und Bedeutung. —

Was die Geschichte der Lehrerbildung betrifft, so hat die Zeit unter Altensteins Verwaltung, hauptsächlich die, wo Beckedorff das Volksschulwesen leitete, eine ausführlichere Darstellung erfahren. In dieser Zeit arbeiteten sich die Principien der Seminarien aus den Ideen Pestalozzi's empor und erhielten in Beckedorffs „Jahr= büchern" eine ideale Darstellung. Diese Quelle habe ich benutzt, da die bekannten pädagogischen Geschichtswerke aus derselben fast gar keine Anführungen enthalten. Ich denke dadurch, daß ich dieses Werk mehr der Vergessenheit entrissen habe, auch der Geschichte der Pädagogik einen Dienst erwiesen zu haben. Süverns Entwurf zu dem Schulgesetze und Beckedorff's Jahrbücher geben uns den Schlüssel zur Kenntniß und Beurtheilung der Bestrebungen und Leistungen der modernen deutschen Pädagogik unter Altenstein, einer Zeit, die in der Geschichte der Pädagogik ewig groß da stehen und in unver= tilgbarem Glanze strahlen wird, was auch die spätere Reaction da= gegen geschrieben und gearbeitet hat. — Wer aus Verordnungen jener Zeit den Geist derselben beurtheilen will, der wird ihn nicht erkennen, denn dadurch ist eben jene Zeit groß geworden, daß sie das Volksschulwesen hob ohne zwingende Gesetze, ohne Verordnungen. Altenstein wußte, daß der Geist nur durch Geist und nicht durch den Buchstaben des Gesetzes geweckt wird, ein Grundsatz, der unserer Zeit leider nur zu sehr abhanden gekommen ist. Die Gesetze jener Zeit werden repräsentirt durch die Persönlichkeiten, die an der Spitze standen, und von denen ein geistiger Strom ausging, unter denen auch Diesterweg als Stern erster Größe prangt. Auf diese Männer und ihre Bestrebungen muß man schauen, will man jene große Zeit recht verstehen und würdigen. Dazu beizutragen ist die Absicht auch der gegenwärtigen Schrift.

Was die theoretischen Festsetzungen betrifft, so tritt diese Schrift auch, wie ihre Vorgänger, einestheils der mechanischen Unter= richtsweise mit utilistischem und materialistischem Zweck, anderntheils der so genannten „wissenschaftlichen", d. h. der gelehrten Richtung im Volksschulwesen entgegen. Wir können in beiden nur ein Zurück= fallen in einen schon längst überwundenen Standpunkt erblicken; beide waren schon durch die Pestalozzi'schen Ideen beseitigt. — Wenn sonst der Gegensatz in der geschichtlichen Entwickelung dazu beiträgt, die Wahrheit zu vertiefen, so können wir jener ersten Richtung eine solche Wirksamkeit nicht zusprechen, weil sie selbst zu oberflächlich und äußerlich ist. Sie dient höchstens dazu, einen dunkeln Hinter= grund zu den strahlenden Ideen Pestalozzi's abzugeben und diese in um so reinerem Lichte darzustellen. Einer eigentlichen Widerlegung bedarf jene Richtung nicht mehr, man braucht sie nur den ewigen Wahrheiten, wie sie die moderne Pädagogik zu Tage gefördert, gegen= über zu stellen, um sie in ihrer innern Haltlosigkeit und Nichtigkeit erscheinen zu lassen. Sie wird bald vom Schauplatze der Geschichte verschwinden. Am allerwenigsten ist sie geeignet, eine auf Jahr= hunderte ausreichende Entwickelung anzubahnen. Sie verkennt da= mit ihre eigene Kraft und Bedeutung.

Eine größere Beachtung verdient die s. g. „wissenschaftliche" Richtung, die in den preußischen Realschulen ihre Darstellung findet. Hier wacht der Streit zwischen dem Humanismus d. h. der Gelehrsam= keit einerseits und dem Realismus und Philanthropismus andrerseits, der zu Ende des vorigen und zu Anfange dieses Jahrhunderts die Pädagogik bewegte, von Neuem, nur in veränderter Gestalt auf. Jetzt handelt es sich nicht mehr um realistische oder philanthropistische Ziele, sondern die Volksschule erkämpft sich gegen die eindringende Gelehrsamkeit Raum zu ihrer eignen Vollendung, ja, sie kämpft um ihre Existenz. Auch die Volksschule will humanistischen Zwecken dienen, sie verwirft dazu aber die Mittel der Gelehrtenbildung, sie will dieselben erreichen durch das Medium der dem praktischen Leben zugleich dienenden Bildungsstoffe, nicht aber durch todte Sprachen, reine Mathematik und systematisch geschlossene Wissenschaften. Der Kampf um diese Existenz — ich habe im I. Capitel darauf hinge= wiesen, warum die Existenz der Volksschule hier gefährdet ist, — wird um so schwieriger werden, weil diese Realschulen mit einem gewissen Scheine von Liberalismus übergossen sind; schaut man frei= lich näher zu, so ist es die mittelalterliche Klosterschule mit ihrem Latein, mit ihrem Trivium und Quadrivium, (will heißen, mit ihren abstract wissenschaftlichen Vorübungen), nur modernisirt, die nur ge= eignet ist, ihre Zöglinge dem nationalen Leben zu entfremden, weil dieselben, da sie aus diesen Schulen sogleich zum praktischen Leben übergehen, nicht auf jene Höhe der Bildung geführt werden, durch welche die frühern Unterrichtsmittel ihre wahre Stellung in der Gesammtbildung erhalten, durch welche sie als bloße Mittel, die nimmer Selbstzweck werden dürfen, erkannt werden. Sie bleiben bei der bloßen Form stehen, ohne den Geist zu geben. Darum können wir diese Realschulen auch nicht zu den humanistischen Schulen rechnen, sie dienen nicht der allgemeinen Menschenbildung, sondern — ja, ich weiß selbst nicht welchem Zwecke. — Jedenfalls war es nothwendig, in diesen Fragen zuvor Stellung zu nehmen, ehe ich positive Festsetzungen über die Lehrerbildung treffen konnte.

Und so sende ich denn auch diese Schrift hinaus, daß sie die Herzen des Volkes erwärme für die edle Sache der Jugendbildung, daß sie den Lehrern, indem sie dieselben auf die ewigen Ideen hin= weist, ein Leitstern und zugleich eine Erhebung sei auf ihrem mühe= vollen Pfade.

Luckenwalde, 20. November 1868.

L. W. S.

Inhalt.

Erster Theil.

Zur Grundlegung.

———

.

I.

Vorläufige Stellung zum heutigen Schulwesen, als Einleitung.

„Aber es fehlt eben neben der Schule und im Anschluß an dieselbe ein erziehlicher Faktor, welcher die die Schule Verlassenden ins Leben hinüber leitet, wo das Familienleben es nicht thut." Die Ausfüh=
rung dieser Idee hatte den ehrwürdigen Hauptlehrer Friedrich Reimer ganz hingenommen, schon stand er daran, sie ins Leben umzusetzen. Da rief ihn Gott aus seiner irdischen Wirksamkeit in die himmlische.

„Der neue Hauptlehrer, von der Absicht des Heimgegangenen in Kenntniß gesetzt, lehnte jede Betheiligung ab, indem er bemerkte, daß von einer solchen Thätigkeit nichts in seiner Instruk= tion stehe."

Diese Worte Ferdinand Schmidt's *) riefen mir das Ideal eines Lehrers von sonst und von jetzt vor die Seele.

„Ihr sollt meine Boten sein an die Kinder, die Lieblinge der Götter und Menschen, die künftigen Erben der irdischen und himm= lischen Paradiese. Ihr sollt sie mit Liebe empfangen, sie mit Ver= stand unterrichten, sie mit Weisheit erziehen. Die langsamen Geistes sind, habt ihr mit unermüdlicher Geduld an der Hand zu führen, sie zu beleben und zu begeistern. Die da vorschnell und feurigen Blickes sind, werdet ihr zur Besonnenheit und Ruhe erziehen. Zu allem, was schön ist, was wohl lautet, werdet ihr den Grund legen und damit wir uns mit Sicherheit auf die Resultate, die wir von eurer Thätigkeit erwarten, verlassen können, werde ich euch das Ge= wissen in die Brust pflanzen, ein Richter im Verborgenen, auch da,

---

*) Volkserzählungen und Schilderungen aus dem Berliner Volksleben. Bres= lau 1869. I. Bändchen.

1*

wo Menschenaugen nicht sehen. Außerdem werden wir euch zu
mancherlei wichtigen Diensten nöthig haben. Das Volk schmachtet
noch vielfach unter dem Alp des Aberglaubens. Schulmeister heran!
Wir werden es von bösen Gewohnheiten zu befreien suchen, die
Brantweinpest austreiben — auf! Wir werden euch die Verbrecher=
Kinder auf den Arm legen — wo irgend ein Verein das Volk be=
rührt, werden wir euch brauchen. Kurz, eurer Hilfe wird man
überall bedürfen, wo immer gemeinnützige Zwecke kostenfrei ausge=
führt werden sollen. Darum soll auf jedem Dorfe wenigstens Einer
zu finden sein. Darum werdet ihr jede Art der freien Entwickelung
in euren Gemeinden nicht nur mit Freuden begrüßen, sondern sie
nach euren Kräften zu fördern bemüht sein. — Der Schullehrer
soll ein Mann des Lebens sein; nichts darf ihn gleichgültig lassen,
was das Leben fördert.'

So sprach einst Diesterweg die Mission des Volksschullehrers
in seinem Wegweiser aus.

Die Regulative aber schreiben „amtlich zur Befolgung" vor:
„Der Lehrer soll geheiligt sein, an Christi Statt zu sprechen: Lasset
die Kinder zu mir kommen!"

Einst der Trieb des Geistes nach den höchsten Idealen in freier
Thätigkeit; — hier der Dienst des Buchstabens. „Was nicht in der
Instruction steht, ist nicht." —

Einst der Lehrer der Diener der Menschheit aus freier Liebe; —
hier der Lehrer wie Christus selbst, das Evangelium ein Staatsgesetz.

Hier haben wir den einen Gegensatz, der die Pädagogik bewegt:
die freie Geistesentwickelung kämpft an gegen den politischen und
kirchlichen Dogmatismus; jene will Entwickelung des Menschen von
innen heraus zu der ihm von Gott gesetzten ewigen Bestimmung;
diese will den Menschen bilden von außen nach innen, nur durch
den Lehrstoff zu einer von den Menschen gemachten politischen und
kirchlichen Ansicht.

„Eine Vermittelung zwischen Diesterweg und Regulativen ist
unmöglich; beide repräsentiren principielle Gegensätze", so bezeugen
es die „Aktenstücke zur Geschichte und zum Verständniß der drei
preußischen Regulative." — Wir stimmen diesem Urtheile voll=
ständig bei.

Es giebt noch einen anderen Punkt, um den die Pädagogik den Kampf bald wird aufnehmen müssen.

Jedes Ding in der sich entwickelnden Welt strebt nach Vollendung; wo ihm diese abgeschnitten ist, verkümmert es in sich. Die Volksschule hat bis zum 14. Jahre die Bildung erst angefangen, hat die Elemente gelegt, ist bis dahin nur Elementarschule. Wenigstens bis zum 17. Lebensjahre muß der Mensch durch die Schule gebildet werden, dann erst hat er in seiner Bildung die Festigkeit erlangt, daß er mit eigener Kraft den angefangenen Weg weiter verfolgen kann. Wird er früher auf eigene Füße gestellt, dann verkümmert er, sittlich wie geistig.

Wird der Volksschule die Möglichkeit abgeschnitten, zu einem Abschluß zu gelangen durch eine wenigstens relative Vollendung des von ihr angefangenen Werkes der Erziehung, dann verkümmert auch sie, sie sinkt herab zu einer bloßen Abrichtungsanstalt.

Diesterweg sagt: „Ein vierzehnjähriger Mensch ist ein Kind an Einsicht und Kraft, wie an Jahren. Mögen nun viele zu Handarbeiten übergehen, die Arbeit an ihren Seelen darf nicht aufhören, denn nun kommen die einflußreichsten, gefährlichsten Zeiten! Und gerade in ihnen wollte man den jungen Menschen sich selbst oder dem Zufalle, der Gemeinheit des Lebens und der Verführung überlassen? Das wäre gelind gesprochen, thöricht gehandelt! Das hieße anfangen, aber nicht vollenden. Darum in allmählich abnehmender Stundenzahl fortgesetzter Unterricht und weitere Uebung der geistigen Kraft! Mit dem 14. oder 15. Jahre darf der Schulunterricht, die öffentliche Erziehung nicht aufhören.“

Curtmann: „Weglassung der Fortbildungsanstalten wäre gerade so viel, als eine Erndte säen und pflegen, die Einsammlung aber dem Zufalle, d. h. der Unredlichkeit und Saumseligkeit überlassen. Das wird auch von Pädagogen ziemlich allgemein, von Staatsmännern hie und da, jedoch mit vielen politischen, juristischen und finanziellen Restrictionen anerkannt. Die Wahrheit wird sich aber Bahn brechen: Daß eine erweckende Erziehung der Jugend bis zur Confirmation und eine darauf folgende unbewachte Hinausstoßung in den Strudel des sinnlichen Lebens verderblicher ist, als eine consequente Niederhaltung der geistigen Kräfte unter den Schranken äußerlicher Gesetzlichkeit.“

„Es giebt aber auch solche Knaben, deren Verhältnisse eine über die eigentliche Schulzeit gehende Bildung erlauben und fordern, ohne

daß sie darum in Realschulen und Gymnasien passen. Solche wür=
den ihre Rechnung in der höheren Bürgerschule finden, welche sich
genau an die eben verlassenen Knabenschule anfügen müßte. Diese
möchten auch außerdem wohl die beste Vorschule für die Schullehrer=
Seminarien bilden. Und ob ein großer Theil des Gewerbestandes
nicht besser bei einer solchen rein bürgerlichen Bildung führe, als
bei dem immer an die Honoratiorenschaft streifenden Unterrichte an
den Realschulen, darf billig bezweifelt werden." *)

Zwei Forderungen sind hier ausgesprochen:
1) Die Errichtung von Fortbildungsschulen für solche Knaben,
welche mit dem 14. Lebensjahre zur Erlernung einer Profes=
sion oder zu einem andern Lebensberufe übergehen.
2) Die Errichtung von höheren Bürgerschulen, als Fortsetzung
und Vollendung der Elementarschulen.

Ein doppelter Kampf ist damit gegeben: der erste richtet sich
gegen den Materialismus der Zeit, der den Knaben nicht die wenigen
Stunden zu ihrer geistigen und sittlichen Weiterbildung gönnen will,
sowie gegen das Widerstreben dieser Knaben selbst, welche mit dem
Austritt aus der Schule ihre Bildung für vollendet und sich der
Schule entwachsen glauben; der zweite ist gerichtet gegen die jetzigen
Realschulen, welche sich als sogenannte wissenschaftliche, eigentlich aber
als Gelehrtenbildungs=Anstalten neben der Volksschule aufbauen
und darum der Volksschule zu ihrer Vollendung das Material und
den Platz wegnehmen.

Der Kampf ist in neuerer Zeit aufgenommen von einem Phi=
lologen: „Das Schulwesen des preußischen Staates. Berlin 1866.
F. Schulze";

von einem Philosophen: „Volksbildung und Wissenschaft in
Deutschland während der letzten Jahrhunderte von Jürgen Bona
Meyer. Berlin 1866. Lüderitz";

und vom mehr praktischen Standpunkte aus in den „Stadt=
schulen."

Indem die preußischen Realschulen auf ganz andern Principien
sich erbauen, negiren sie die Principien der Volksschule, treten zu
ihr in Feindschaft, drücken durch ihre Existenz den Gedanken aus,
daß nach den Principien der Volksschule eine höhere Bildung nicht
gewährt werden könne und bewirken dadurch, daß die Volksschule

---

*) Lehrbuch der Erziehung und des Unterrichts II. S. 542. 544.

auch in der Meinung des Volkes sinkt. Damit ist der Lebensnerv der Volksschule durchschnitten. Denn die wahre Grundlage zu einer gesegneten Wirksamkeit der Volksschule beruht in der Liebe, die das Volk diesem nationalen Institute entgegen bringt. Wird Schule und Lehrer nicht von dieser Liebe getragen, wird ihr Ansehen unter= graben, sinkt sie in der Achtung, dann sinkt auch das innere Leben der Schule dahin. — Wie sehr aber die Schule jetzt im Ansehen und in der Liebe des Volkes gesunken ist, das beweisen hinlänglich die Gehalts=Verhältnisse der Lehrer. Zur Errichtung von Real= und höhern Bürgerschulen ist Geld genug vorhanden, für die Volks= schule nicht.

Wir mußten diese Bemerkungen vorausschicken, um erst eine festere Stellung für unsere Frage nach der Lehrerbildung zu gewinnen. Wir treten also den Regulativen entgegen; wir verlangen ferner Lehrer, welche auch den Unterricht in den Fortbildungs= und höheren Bürgerschulen zu ertheilen im Stande sind, für welche letzteren wir eine andere innere Organisation, die nicht auf eine Gelehrten= son= dern auf eine Volksbildung ausläuft, fordern. Diese Forderung mußte zuerst ausgesprochen werden, ehe wir daraus die Consequenzen ziehen konnten.

II.
Grundlegende Principien.

Die Schule ist nicht um des Lehrers willen da, sondern der Lehrer um der Schule willen. Die Lehrerbildung muß sich nach Anforderungen richten, welche die Wissenschaft und das reale Leben an die Schule machen. Diese Anforderungen sind zunächst festzu= stellen. Ich kann damit aber weder etwas Neues noch etwas Voll= ständiges geben wollen.

Nichts Neues, denn die Grundsätze der modernen Pädagogik, wie sie durch Pestalozzi's Ideen zu Tage gefördert sind und zu denen wir uns bekennen, enthalten ewige Wahrheiten. Pestalozzi hat durch seine Ideen — nicht aber durch seine praktischen Ausführungen, — den Grund für alle Pädagogik gelegt. Ich werde deshalb auch Pestalozzi selbst reden lassen.

Nicht Vollständiges, denn eine vollständige Ausführung würde weitaus die Grenzen dieser Schrift überschreiten; es müßte damit die Erziehungs= und Unterrichtslehre in ihrem ganzen Umfange dargelegt werden. Wir werden die Fundamentalsätze der Pädagogik nur so weit heranziehen, als sie nothwendig sind zu der daraus ab= zuleitenden Lehrerbildung. Im Uebrigen verweise ich auf die Dar= legungen, wie sie in den betreffenden Werken von Niemeyer, Schwarz= Curtmann, Diesterweg's Wegweiser und ähnlichen auf Pestalozzi's Ideen ruhenden Schriften dargelegt sind.

A. Begriff der Volksschule.

Wenn der Bericht der Unterrichts=Commission des preußischen Herrenhauses vom 11. Februar 1868 über den Entwurf des Unter= richts= und Dotationsgesetzes (S. 25) sagt: „Der Ausdruck Volks= schule leiste der Meinung Vorschub, die schon ohnedies von Volks= aufwieglern genährt werde, daß nur die unteren Schichten das eigentliche Volk bilden und daß man sich im Interesse der gebildeten und ungebildeten Klassen der Gesellschaft dagegen verwahren müsse, denn diese sowohl wie jene, und jene sowohl wie diese gehörten zum Volke; auch werde sich nicht behaupten lassen, daß die Gymnasien und Universitäten weniger zur Volksbildung beitrügen, als die Ele= mentarschulen," so geben wir zu, daß dem Wortsinne nach auch die Gelehrten=, wie die technischen Anstalten, zu der Volksschule gehören, allein der allgemeine Sprachgebrauch, dem ich mich hier anschließe, ohne deswegen befürchten zu müssen, bei den Lesern für einen „Volks= aufwiegler" gehalten zu werden, versteht eine ganz besondere Kate= gorie unter dem Namen der Volksschulen und zwar involvirt dieser Name gerade einen Gegensatz zu den Gelehrtenschulen. Man wird z. B. die Lehrer an den Universitäten und den Gymnasien nie zu den Volksschullehrern rechnen.

Die Gelehrtenschulen haben zum Ziel die theoretische Aus= bildung des Menschen; sie führen, zunächst ohne Rücksicht auf das praktische Leben, in die idealen Gebiete der Wissenschaften ein. Wissen= schaftlichkeit im strengen Sinne des Wortes ist ihr Ziel.

Die Volksschulen nehmen unmittelbar eine praktische Richtung. Sie ziehen die Theorie nur so weit heran, als sie zur Erreichung der pädagogischen Zwecke nöthig ist. Die Gelehrtenschulen erziehen zunächst für das rein geistige Gebiet, die Volksschulen wollen das praktische Leben mit Geist durchdringen.

Es könnte scheinen, als ob damit die Volksschulen zu reinen Berufsschulen gemacht würden. Dies ist nicht der Fall. Wir setzen bei ihnen das praktische Leben nicht als Zweck, sondern nur als Ziel. Der Unterschied zwischen Zweck und Ziel ist in dieser Beziehung groß: der Zweck setzt die innere, das Ziel die äußere Bestimmung.

Der Zweck muß derselbe sein in der Gelehrtenschule, wie in der Volksschule: Bildung des Menschen zum Menschen nach allen des Menschen würdigen Bestimmungen hin, also Humanität (Niemeyer, Herder, Fröbel), die weil sie zum göttlichen Ebenbilde bilden will, auch als Gottähnlichkeit (Fr. G. Chr. Schwarz) oder als Divinität (Graser) gesetzt werden kann, oder insofern die Humanität in Christo vollendet sich darstellt, als christliche Bildung (Gräfe), als christliche Civilisation (Curtmann) erscheint, als deren Endzweck das Reich Gottes (Palmer) dargestellt wird; oder insofern sie die höchsten idealen Zwecke des Lebens verfolgt, als Selbstthätigkeit im Dienste des Wahren, Guten und Schönen (Diesterweg) hingestellt wird: verschiedene Formeln für ein und dieselbe Idee, welche alle der materialistischen Auffassung entgegen treten.

Ferdinand Schmidt sagt sehr schön: „Wie ohne Vorhandensein und ohne die Wirkung des Himmels auf unserer Erde kein Leben dem Boden entsprießen würde, so kann auch von einer selbstständigen freien, naturgemäßen, ihm selbst und Andern Heil bringenden Entwickelung derjenigen Menschenseelen nicht die Rede sein, denen es an höheren Anschauungen, an Idealen fehlt." Ohne ein solches Ideal sinkt auch die Schule ins Materialistische herab. Bleiben wir bei dem Ideale der Menschenbildung, der Humanität. Demnach ist die Volksschule eine Anstalt, welche den Menschen zum Menschen bilden will mit Berücksichtigung der Anforderungen des realen Lebens.

Die Rücksicht auf die Anforderungen des realen Lebens ist durch die Zöglinge gegeben, welche unmittelbar aus der Schule ins praktische Leben übertreten. Wir rechnen demnach alle diejenigen Anstalten zu den Volksschulen, aus denen die Schüler unmittelbar ins praktische Leben eintreten, also auch die Real= und höheren Bürgerschulen, die aber in Preußen nach ihrer jetzigen inneren Organisation zu den Gelehrtenschulen mit rein wissenschaftlichem Ziele gehören. Sie führen dadurch vom praktischen Leben hinweg und entsprechen nicht den Anforderungen desselben. Sie bedürfen einer Reorganisation.

Eine Ausnahmestellung nehmen die technischen Anstalten ein, welche für besondere Berufszweige, Bau= oder Bergfach, Schifffahrt,

Militär ꝛc. vorbilden und in denen die erziehliche Thätigkeit ganz zurück tritt.

Mit unserer Begriffsbestimmung der Volksschule treten wir der noch weit verbreiteten Ansicht entgegen, welche die Schulen als reine Unterrichts-Anstalten, die nur Kenntnisse und Fertigkeiten mitzutheilen haben, ansieht, eine Ansicht, wie sie vor Pestalozzi durch A. H. Franke und Basedow vertreten wurde (Utilitätsprincip); wir treten der Ansicht entgegen, welche den Zweck der Bildung des Menschen außer den Menschen setzt, wie sie von den Regulativen vertreten wird, welche kein ideales Princip kennen, sondern den Menschen nur für Staat, Kirche, Familie und Beruf bilden wollen (materialistisches Princip), hauptsächlich aber für Staat und Kirche, beides noch dazu in einem staatsrechtlich und dogmatisch einseitigen Begriff.

Aus der Bildung des Menschen zum Menschen resultirt die Methode, den Unterrichtsstoff bestimmt das reale Leben.

Die Methode besteht nicht etwa blos in der Bearbeitung des Unterrichtsstoffes für den unterrichtlichen Zweck (Didaktik), sondern sie hat es hauptsächlich mit der Behandlung des zu bildenden Menschen zu thun; sie geht vor allen Dingen auf den Menschen, seine Anlagen und Fähigkeiten ein; sie hat die Natur, das Wesen des Menschen zu erforschen, um ihn zu bilden.

B. Die allgemeine Menschenbildung.

Es ist Pestalozzi's unsterbliches Verdienst, die Pädagogik durch Auffindung ihrer ewigen Ideale fest begründet und die Wege dazu gezeigt zu haben. Aber nicht in begrifflichen Bestimmungen, die aus verstandesmäßiger Reflexion entstehen, sondern in erhabenen Sentenzen, die aus liebevollem Herzen emporgesprossen sind; nicht in einem philosophischen System, sondern im Gewande der Dichtung hat er seine erhabenen Ideen niedergelegt in seinen beiden Hauptwerken: „Lienhard und Gertrud" und der „Abendstunde eines Einsiedlers." Es sei mir gestattet die hauptsächlichsten Gedanken aus dem letzteren Werke mit Pestalozzi's eigenen Worten anzuführen. Das Werk ist noch viel zu wenig bekannt und doch liegt gerade darin die ganze Herrlichkeit der pestalozzischen Ideen, um so ergreifender, als er sie niederschrieb nach seinen ersten gescheiterten Versuchen und nachdem er sein ganzes Vermögen mit ihnen verloren hatte. Gerade aus diesen dunkelsten Tagen der Noth, wo er nicht nur von seinen Freunden verleugnet ward, sondern wo er selbst auch den Glauben an sich verloren hatte, strahlen diese Ideen wie helle Gestirne auf und heben sich glänzend ab von dem dunkeln Hintergrunde. Gerade darin, daß diese Ideen aus den Trümmern irdischer Hoffnungen und Strebungen erwachsen sind, offenbart sich die göttliche Kraft, die auch aus dem Tode Leben weckt.

Pestalozzi forschte, dem göttlichen Schöpfungsgedanken nach= gehend, nach dem Ziele und der Bestimmung der Menschheit über= haupt, um so die Idee, so wie den Weg zur Bildung des Menschen zu finden.

„Der Mensch, so wie er auf dem Throne und im Schatten des Laubdaches sich gleich ist, der Mensch in seinem Wesen, was ist er?"

„Warum forschet der Mensch Wahrheit ohne Ordnung und Endzweck? Warum forschet er nicht nach den Bedürfnissen sei= ner Natur, daß er darauf baue den Genuß und den Se= gen seines Lebens? Warum sucht er nicht Wahrheit, die ihn in seinem Innersten befriedigt, die seine Kräfte entwickelt, seine Tage erheitert und seine Jahre beseligt?"

„Befriedigung unsers Wesens in seinem Innersten, dich zu suchen und nach dir zu forschen, ist Ziel und Be= stimmung der Menschheit!"

Das war der Eingang zu jenem philosophisch=didaktischen Ge= dichte, der Abendstunde eines Einsiedlers, das zwar äußerlich ohne künstlerische Form, aber voll hohen Schwunges und tiefsinniger Ideen, nicht blos das Programm und den Schlüssel zu seinem ganzen Streben und Wirken enthält, sondern welches schon seine Ideen über Erziehung und Unterricht in ihrem ganzen Umfange und in erhabener Reinheit, ohne alle fremdartige Beimischung, in einheitlichem Gusse entfaltet.

„Der Mensch muß zu innerer Ruhe gebildet werden. Genügsamkeit mit seiner Lage und mit ihm erreichbare Genießungen, Duldung, Achtung und Glauben an die Liebe des Vaters bei jeder Hemmung, das ist die Bildung zur Menschenweisheit."

„Wenn das Gefühl nicht mehr von innerer Ruhe beseelt ist, so entnervet seine Kraft den Menschen in seinem Innersten und plagt ihn mit finstern Qualen in Tagen, in denen der heitere Weise lächelt."

Hiermit hatte Pestalozzi den Gipfelpunkt erstiegen, von dem aus sich ihm das ganze Gebiet der Pädagogik mit seinem Ziele und den dahin führenden Wegen erhellte. Nicht außer den Menschen setzt er das Ziel, auch nicht in Verstand oder Gedächtniß, sondern in den Mittelpunkt des Lebens, das Herz. — Wenn er „Befriedigung unsers Wesens in seinem Innersten" als Bestimmung des Menschen, also auch als Ziel seiner Bildung hinstellt, so ist das ein hohes Ideal, mit dem er die Sehnsucht jedes Menschenlebens ausgesprochen hat. Pestalozzi setzt sich aber auch dadurch in den tiefsten Einklang mit dem Christenthum, welches auch Frieden bringen will und er steht in gleichem Einklange mit demselben, wenn er den Weg zu diesem Ziele anbahnen will durch die Ausbildung der menschlichen Anlagen und Fähigkeiten, die Gott einem Jeden zum Gebrauch ge= geben, damit er zur freien (natürlich nicht einer absolut, sondern nur einer relativ freien) Selbstbestimmung gelange: ganz dasselbe, was der, der sich selbst mit Vorliebe „des Menschen Sohn" nannte, verlangte, wenn er dem heuchlerischen Pharisäismus, so wie jedem angelernten und angewöhnten Thun gegenüber auf die freie Zuneigung des Glaubens und damit auf einen Akt innerer freier Selbstbestimmung drang. In seinen tiefsten Ideen stimmt Pesta= lozzi mit dem Christenthum überein und nur beschränkter und ver= kehrter Eifer kann ihn mit diesem im Widerspruche finden, — seiner sich selbst verleugnenden und aufopfernden Liebe gar nicht zu ge= denken.

Zur Erreichung der letzten Bestimmung des Menschen, auch der himmlischen, von der Pestalozzi sehr wohl weiß, daß wir sie aus eigner Machtvollkommenheit nicht erreichen können, ist ihm die all= gemeine Menschenbildung nur Voraussetzung und Mittel. Die all= gemeine Menschenbildung aber wird dadurch erreicht, besteht ihm darin, daß die vom Schöpfer in den Menschen gelegten Grund= anlagen an der Hand der Natur ausgebildet werden.

„Der Segen der Welt ist gebildete Menschlichkeit und nur durch sie wirket die Kraft der Erleuchtung und der Weisheit und der innere Segen aller Gesetze."

„Alle reinen Segenskräfte der Menschheit sind nicht Gaben der Kunst und des Zufalls. Im Innern der Natur liegen sie mit ihren Grundanlagen. Ihre Ausbildung ist allgemeines Bedürfniß der Menschheit."

„Standpunkt des Lebens, Individualbestimmung des Menschen, du bist das Buch der Natur. In dir liegt die Kraft und die Ordnung dieser weisen Führerin; und jede Schul=

bildung, die nicht auf Grundlage der Menschenbildung
gebaut ist, führt irre."

„Mensch, du selbst, das innere Gefühl deiner Kräfte ist der
Vorwurf der bildenden Natur."

„Ausgebildete Kraft der Menschheit, diese Quelle ihrer
starken Thaten und ihrer ruhigen Genießungen, ist kein ungebildeter
Drang und kein Irrthum."

„Alle Menschheit ist in ihrem Wesen sich gleich und
hat zu ihrer Befriedigung nur eine Bahn."

Mit dieser allgemeinen Menschenbildung hebt er aber die Bil=
dung für besondere Lagen und Umstände nicht auf; er strebt damit
keinen Bildungs=Socialismus an, er will den Menschen nicht aus
den bestehenden Verhältnissen herausheben, wie es Rousseau in sei=
nem „Emil" anstrebte. Auch für die ihn umgebenden Verhältnisse,
für seinen besonderen Stand und Beruf muß der Mensch gebildet
werden, nur daß diese besondere Bildung die allgemeine Menschen=
bildung zu ihrer Grundlage und Voraussetzung hat.

„Allgemeine Emporbildung dieser inneren Kräfte der Menschen=
natur zu reiner Menschenweisheit ist allgemeiner Zweck auch der
niedrigsten Menschen. Uebung, Anwendung und Gebrauch seiner
Kraft und seiner Weisheit in den besonderen Lagen und Um=
ständen der Menschheit ist Berufs= und Standesbildung.
Diese muß immer dem allgemeinen Zweck der Menschen=
bildung untergeordnet sein."

„Wer nicht Mensch ist, in seinen Kräften ausgebildeter
Mensch ist, dem fehlt die Grundlage zur Bildung seiner
näheren Bestimmung und seiner besonderen Lage, die keine
äußere Höhe entschuldigt."

„Mensch, forschest du in dieser Anordnung der Natur nach Wahr=
heit, so findest du sie, wie du sie brauchest, für deinen Stand=
punkt und deine Laufbahn."

Diese Bildung zu vermitteln, ist Aufgabe der Erziehung. Auf
sittlicher Grundlage muß sie sich erheben, vom Herzen, vom Gemüthe
muß sie ausgehen, nicht einseitig auf den Verstand wirken, oder gar
blos das Gedächtniß in Anspruch nehmen. Mit dem Herzen wird
auch der Charakter gebildet.

„Alle Menschenweisheit beruht auf der Kraft eines guten,
der Wahrheit folgsamen Herzens und aller Menschensegen
auf diesem Sinne der Einfalt und Unschuld."

„Bildung der Menschheit in diesem reinen Sinne der Einfalt und Unschuld, du bist Vatersorge der Menschheit, daß die unverdorbenen Grundlagen des Herzens den Gang seiner Geistesbildung schützen und richtig leiten."

„Auf Einfalt und Unschuld gegründete Weisheit und Kraft ist in jeder Lage und jeder Tiefe der Menschheit segnender Theil, so wie sie in jeder Höhe ihr unumgängliches Bedürfniß ist."

Aber zur Gemüthsbildung müssen die Erkenntnisse, muß die Geistes und Verstandesbildung hinzukommen. Diese müssen jene Bildung unterstützen, müssen zu ihrer Vollendung beitragen.

„Auch die trägen, leeren Oeden der finstern Unwissenheit führen ab von der Bahn der Natur."

„Ordnung der Natur in der Bildung der Menschheit ist die Kraft der Anwendung und der Ausübung seiner Erkenntnisse, seiner Gaben und Anlagen."

„Daher ist der Mann der Einfalt und Unschuld, der, indem er mit Anwendung seiner Erkenntnisse, und mit stillem Fleiße seine Kräfte übet und braucht, zur wahren Menschenweisheit von der Natur gebildet, dahingegen der Mann, der diese Ordnung der Natur in seinem Innersten zerrüttet und den reinen Sinn der Folgsamkeit seiner Erkenntnisse schwächt, für den Genuß des Segens der Wahrheit unfähig wird."

Der Weg zur Bildung der Erkenntnisse, der Weg des Unterrichts muß der Natur angemessen, einfach und leicht sein. Der abstrakte Bildungsstoff für die erste Menschenbildung, wie auch die wissenschaftliche, systematisch geschlossene Anordnung wird verworfen; erst Anschauung, dann Begriff, erst das Concrete, dann das Abstrakte.

„Erhabene Bahn der Natur, die Wahrheit, zu der du führest, ist Kraft und That, Quelle, Bildung, Füllung und Stimmung des ganzen Wesens der Menschheit."

„Die Bahn der Natur, welche die Kräfte der Menschheit enthüllet, muß offen und leicht und die Menschenbildung zu wahrer beruhigender Weisheit einfach und allgemein anwendbar sein."

„Wenn die Menschen dem Gange dieser Ordnung voreilen, so zerstören sie in sich selbst ihre innere Kraft, und lösen die Ruhe und das Gleichgewicht ihres Wesens in ihrem Innersten auf. Sie thun dieses, wenn sie eher, als sie durch Realkenntniß wirklicher Gegenstände ihren Geist zur Wahrheit und Weisheit lenksam gebil-

det haben, sich in tausendfache Gewirre von Wortlehren und
Meinungen hineinwagen und Schall und Rede und Worte an=
statt Wahrheit aus Realgegenständen zur Grundlage ihrer Geistes=
richtung und zur ersten Bildung ihrer Kräfte machen."*)

„Auch erzwungene und steife Ordnungsfolge ist nicht
in der Lehrart der Natur. Wäre sie es auch, sie würde Ein=
seitigkeit bilden und ihre Wahrheit würde nicht in die Fülle des
ganzen Wesens der Menschheit sanft und frei hineinfallen."

„Der harte Gang dieser bildet im Menschen die Wahrheit nicht
zur sanften Dienerin der Menschheit, nicht zur fühlenden guten
Mutter, deren Freud und Weisheit die Freude und das Bedürfniß
ihrer Kinder ist."

„Die Kraft der Natur, obwohl sie unwidersprechlich hinführt zur
Wahrheit, hat keine Steifigkeit in ihrer Führung; der Schall der
Nachtigall tönt im finstern Dunkel und alle Gegenstände der Natur
wallen in erquickender Freiheit, nirgends ist ein Schatten einer
zudringlichen Ordnungsfolge."

„Aber in ihrer Bildung ist Freiheit und in ihrer Ordnung
haushälterische Genauigkeit."

Nur durch Uebung wird die Kraft gebildet und gestärkt und
diese Uebung muß mit Gegenständen, die dem Kinde am nächsten
liegen, beginnen. Der Stoff wird damit zu einem Mittel der Bil=
dung gemacht.

„Die Natur enthüllet alle Kräfte durch Uebung und ihr
Wachsthum gründet sich auf Gebrauch."

„Mensch, Vater deiner Kinder, dränge die Kraft ihres Geistes
nicht in ferne Weiten, ehe er durch nahe Uebung Stärke er=
langt hat; und fürchte dich vor Härte und Anstrengung."

„Der Kreis des Wissens, durch den der Mensch in seiner
Lage gesegnet wird, und dieser Kreis fängt nahe um ihn her,
um sein Wesen, um seine nähesten Verhältnisse an, dehnt
sich von da aus, und muß bei jeder Ausdehnung sich nach diesem
Mittelpunkte aller Segenskraft der Wahrheit richten."

Die Erziehung nach den individuellen Anlagen soll aber den

---

*) Hat die Regulativ=Richtung demnach Recht, wenn sie dem Pestalozzis-
mus „formelle Geistesbildung an abstraktem Inhalt" vorwirft? Die „reinen
Denkübungen" stammen nicht von dem Pestalozzismus, sondern von dem Philanthropismus ab.

Menschen nicht isoliren. Es ist der Ordnung der Natur angemessen,
daß der Mensch seine erste Bildung in der Familie empfange. Die
Familie ist es auch, in der er einst sein Glück und seinen Frieden
finden soll.

„Mensch, du lebst nicht für dich allein auf Erden.
Darum bildet dich die Natur auch für äußere Verhältnisse und
durch sie.“

„So wie diese Verhältnisse dir nahe sind, Mensch, sind sie zur
Bildung deines Wesens für deine Bestimmung dir wichtig.“

„Die häuslichen Verhältnisse der Menschheit sind die ersten
und vorzüglichsten Verhältnisse der Natur.“

„Daher bist du, Vaterhaus, Grundlage aller reinen
Naturbildung der Menschheit.“

„Vaterhaus, du Schule der Sitten und des Staates.“

„Der Mensch arbeitet in seinem Beruf und trägt die Last der
bürgerlichen Verfassung, damit er den reinen Segen seines
häuslichen Glückes in Ruhe genieße.“

Das häusliche Glück, wie hoch es Pestalozzi auch anschlägt, es
giebt noch nicht den wahren Frieden, den finden wir nur bei Gott.
Indem er also die „Befriedigung unsers Wesens in seinem Inner=
sten“ als die Bestimmung des Menschen ausspricht, weist er den
Menschen über sich hinaus, auf Gott.

„Auch dein Haus, Mensch, und sein weisester Genuß
beruhigt dich nicht immer.“

„Gewalt und Grab und Tod ohne Gott zu leiden, hat deine
sanft, gut und fühlend gebildete Natur keine Kräfte.“

„Gott als Vater deines Hauses, als Quell deines
Segens — Gott als dein Vater! In diesem Glauben
findest du Ruhe und Kraft und Weisheit, die keine Ge=
walt, kein Grab dir erschüttert.“

„Der Glaube an Gott ist die Quelle der Ruhe deines
Lebens,.

„Der Glaube an Gott ist die Quelle aller Weisheit und alles
Segens und Bahn der Natur zur reinen Bildung der Menschheit.“

Die Erziehung kann diesen Glauben nicht schaffen; als unver=
tilgbare Mitgift des himmlischen Vaters ruht er im Innern jedes
Menschen, aber er muß gestärkt, befestigt, die Menschheit muß zu
ihm gebildet werden; nur auf dieser Grundlage erbaut sich die wahre
Menschenbildung.

„Glaube an Gott, du bist der Menschheit in ihrem Wesen eingegraben, wie der Sinn zum Guten und Bösen, wie das unauslöschliche Gefühl von Recht und Unrecht, so unwandelbar fest liegst du als Grundlage der Menschenbildung im Innern unserer Natur.“

„Glaube an Gott, du bist nicht Folge und Resultat ge= bildeter Weisheit, du bist reiner Sinn der Einfalt, horchendes Ohr der Unschuld auf den Ruf der Natur — daß Gott — Va= ter ist.“

„Kindersinn und Gehorsam ist nicht Resultat und stete Folge einer vollendeten Erziehung, sie müssen frühe oder erste Grundlage der Menschenbildung sein.“

„Das Staunen der Weisen in den Tiefen der Schöpfung und sein Forschen in den Abgründen des Schöpfers ist nicht Bildung der Menschheit zu diesem Glauben. In den Abgründen der Schöpfung kann sich der Forscher verlieren, und in ihren Wassern kann er irre umhertreiben, ferne von der Quelle der unergründlichen Meere.“

„Gott, Vater — Gottes Dasein in der Hütte der Menschen — Gott im Innersten meines Wesens — Gott Geber seiner Gaben und meiner Lebensgenießungen, das ist die Bildung der Men= schen zu diesem Glauben, das ist die Kraft der Natur, die allen Glauben auf Genuß und Erfahrung gründet.“

Wie die Bildung, so muß der Glaube an Gott auch allen menschlichen Verhältnissen zu Grunde liegen, wenn sie Segen brin= gen sollen.

„Dieser Glaube an Gott ist Stimmung der Menschheit in ihren Verhälnissen zu ihrem Segen.“

„In diesem Glauben beruht das Familienglück, beruht die Liebe des Vaters zu den Kindern, der Kinder zu dem Vater.“

„Vatersinn und Kindersinn, dieser Segen deines Hauses, Mensch, ist Folge deines Glaubens.“

„Der Genuß deiner Rechte, Hausvater, die wonnevolle Er= gebung deines Weibes, und das innige, seelenerhebende Dankgefühl deiner Kinder ist Folge deines Glaubens an Gott.“

„Mein Glaube an Gott ist Sicherstellung meines Glaubens an meinen Vater und an jede Pflicht meines Hauses.“

Auch das Verhältniß zwischen Fürst und Volk beruht auf diesem Glauben. Der Fürst ist ein Vater seines Volks, soll es in

diesem Glauben erziehen, das Volk soll seinen Fürsten wie einen
Vater lieben. Fürst und Nation bilden nur eine große Familie.
„Stand des Fürsten, Bild der Gottheit, Vater einer
Nation. Stand des Unterthans, Kind des Fürsten, der
mit ihm Kind Gottes ist. Wie sanft und stark und fein ist
dieses Gewebe der Naturverhältnisse der Menschheit!" —
„Der Glaube an Gott ist in dieser Anerkennung das Band
des Fürsten und seines Volkes, das Band der inneren
Vereinigung der Segensverhältnisse der Menschheit!"
„Also ist Volksglauben an die Gottheit Quelle aller reinen
Nationaltugend, alles Volkssegens und aller Volkskraft."
„Emporzubilden das Volk zum Genuß der Segnungen seines
Wesens ist der Obere Vater des Untern" (wenn der untere Vater,
der Fürst, Gott als seinen oberen Vater anerkennt, dann bildet er
auch das Volk zu der in seinem Wesen liegenden Bestimmung heran.)
„Mensch, so nieder du auch stehest, ist dein Fürst Kind deines Gottes,
so ist seine Gewalt Vaterkraft."
„Fürsten, die den Vaterstand der Gottheit und den Bruder-
stand der Menschheit verleugnen, finden in diesem Unglauben die
Quelle der schrecklichsten Zernichtung des Glaubens an ihre Pflichten.
Sie sind Männer des Schreckens und ihre Kraft wirket Verheerung.
In der Anerkennung der obersten Vaterwürde Gottes versichern die
Fürsten sich des Volkes Gehorsam als die Sache der Gottheit."
„Und der Fürst, der in dem Gehorsam gegen Gott nicht die
Quelle seiner Rechte und Pflichten suchen will, bauet seinen Thron
auf den mißlichen Stand des Volksglaubens an seine Stärke."
„Gewaltthätigkeit und freche kühne Anmaßungssucht gegen Recht
und Unschuld im Nationalgeist ist Quelle der Nationalentkräftung
und so ist Unglauben die Quelle dieser Entkräftung."
„Und hingegen ist Vatersinn und Kindersinn im Natio=
nalgeist Quelle alles reinen Nationalsegens."
An diesem Glauben schwingt Pestalozzi sich empor über die
Vergänglichkeit der Erde; und durch das dunkle Thor des Todes
eröffnet sich ihm in allgemeinen Umrissen die Perspective in das
lichtdurchstrahlte Jenseits, der letzten Bestimmung des Menschen, dem
Ziele seines Lebens und Strebens, der Vollendung seines Wesens.
„Gott ist der Vater der Menschheit. Kinder Gottes sind
unsterblich."

„Ist Gott Vater der Menschen, so ist der Tag ihres Todes nicht der Tag der Vollendung ihres Wesens.

„Glaube an dich selbst, Mensch, glaube an den innern Sinn deines Wesens, so glaubst du an Gott und an die Unsterblichkeit." Aber eine finstere Macht lenkt der Menschen Streben von diesem Ziele ab. Der Unglaube an Gott erzeugt die Sünde, wie er aus der Sünde stammt.

„Sünde ist Quelle und Folge des Unglaubens. Sie ist Handlung des Menschen gegen das innere Zeugniß unserer Natur von Recht und Unrecht. Sünde: Quelle der Verwirrung unserer ersten Grundbegriffe und unseres reinen Naturgefühls. Sünde: Verlust des Glaubens an dich selbst, Mensch, und an deinen inneren Sinn, Verlust deines Glaubens an Gott, Verlust deines Kindersinnes gegen ihn."

„Abscheu gegen Sünde: reines Gefühl des Kindersinnes der Menschheit gegen Gott, Ausdruck und Folge des Glaubens der Menschheit an die Offenbarung der Gottheit im Innern seiner Natur."

„Ich baue alle Freiheit auf Gerechtigkeit, aber ich sehe in dieser Welt keine versicherte Gerechtigkeit, als bei der zur Einfalt, Frömmigkeit und Liebe gestimmten und in dieser Bestimmung erleuchteten Menschheit."

Das ist also der Zweck der Erziehung Pestalozzi's, das erhabene Ideal seiner Menschenbildung. Pestalozzi löst sich nicht los von Gott, er geht nicht stolz die Wege der Eigengerechtigkeit. Am Schlusse seiner „Abendstunde eines Einsiedlers" senkt er sich liebend, glaubend, hoffend in das Werk des Weltheilandes, der uns zu Gottes Kindern gemacht, er durchforscht dieses Werk aber nicht mit kritisch-reflectirendem Verstande, er ergreift es mit sehnsüchtig-gläubigem Herzen.

„Die Quelle der Gerechtigkeit und alles Weltsegens, die Quelle der Liebe und des Brudersinnes der Menschheit, diese beruht auf dem großen Gedanken der Religion, daß wir Gottes Kinder sind, und daß der Glaube an diese Wahrheit der sichere Grund alles Weltsegens sei. In diesem großen Gedanken der Religion liegt immer der Geist aller wahren Staatsweisheit, die reinen Volkssegen sucht, denn alle innere Kraft der Sittlichkeit, der Erleuchtung und Weltweisheit ruhet auf diesem Grund des Glaubens der Menschheit an Gott."

„Und Gottvergessenheit, Verkenntniß der Kindesverhältnisse der
Menschheit gegen die Gottheit, ist die Quelle, die alle Segenskraft
der Sitten, der Erleuchtung und der Weisheit in aller Menschheit
auflöset. Daher ist dieser verlorne Kindersinn der Mensch=
heit gegen Gott das größte Unglück der Welt, indem es
alle Vatererziehung Gottes unmöglich macht, und die
Wiederherstellung dieses verlornen Kindersinns ist Er=
lösung der verlornen Gotteskinder auf Erden."

„Der Mann Gottes, der mit Leiden und Sterben der
Menschheit das allgemein verlorne Gefühl des Kinder=
sinnes gegen Gott wieder hergestellt, ist Erlöser der
Welt, er ist der geopferte Priester des Herrn, er ist der
Mittler zwischen Gott und der Gottesvergessenen Mensch=
heit. Seine Lehre ist reine Gerechtigkeit, bildende Volks=
philosophie, ist Offenbarung Gottes des Vaters an das
verlorne Geschlecht seiner Kinder."

Wie es Pestalozzi schwer fällt, für seine aus der Tiefe des
Gemüths erzeugten Ideen den rechten Ausdruck zu finden, und die
logische Folge fest zu halten, ihnen eine adäquate äußere Form zu
geben, so ist es ihm noch weniger gelungen, dieselben praktisch in
Erziehung und Unterricht durchzuführen. Darum konnte er wohl
auch, vorzüglich am Ende seines armen und doch so unendlich reich
begnadigten, langen, vielbewegten Lebens, wo er wehmüthig auf den
Trümmern gescheiterter Hoffnungen und fehlgeschlagener Versuche
stand, ein Lied der tiefsten Klage anstimmen und sein Werk als ein
verfehltes ansehen. Das war es nicht. Schafften auch seine prakti=
schen Versuche wenig Frucht, seine Ideen sind ewig, weil sie wahr
sind. K. v. Raumer, der Geschichtschreiber der Pädagogik und ein
unmittelbarer Schüler Pestalozzi's, der sonst an Pestalozzi, vorzüg=
lich in kirchlicher Beziehung viel herummäkelt, muß doch, nach der
Vorführung der Abendstunde eines Einsiedlers, überwältigt von der
Wucht dieser Ideen ausrufen: „Tiefsinnige Gedanken, welche eine
heilige Liebe unter schweren Wehen geboren hat, sie sind Gedanken
des ewigen Lebens und hören, wie die Liebe, nimmer auf."

C. Der Unterrichtsstoff.

Mit der Entwickelung des städtischen Lebens machte sich schon im Mittelalter in den Städten das Bedürfniß eines weiteren Unterrichts, als ihn die damaligen kirchlichen (Kloster=, Stifts=, Dom= u. a.) Schulen gewährten, geltend. Einzelne Städte fingen an, eigene Unterrichtsanstalten, die den Bedürfnissen des praktischen Lebens mehr Rechnung tragen sollten, zu gründen. So wurde 1161 in Lübeck eine „Schrießcholen", in welcher jedoch nur das deutsche Lesen und Schreiben gelehrt werden sollte, gegründet, andere Stadtschulen entstanden 1281 zu Hamburg, 1267 und 1293 zu Breslau, 1391 zu Nordhausen, 1390 und 1403 zu Stettin, 1395 zu Leipzig u. s. f.

Die Erfindung des Linnenpapiers und der Buchdruckerkunst, sowie das durch die Universitäten erweckte Interesse an den klassischen Studien übte auch auf die Hebung des Stadtschulwesens einen günstigen Einfluß aus; doch blieben die Stadtschulen in ihren Hauptgrundzügen, trotzdem sie im Gegensatze zu den Kirchschulen errichtet waren, doch den kirchlichen Interessen dienstbar. Es gab noch keinen andern wissenschaftlichen Stand, als den geistlichen; Geistliche oder Ordensbrüder in den Klöstern waren auch zugleich Aerzte und Lehrer; Juristen gab es nicht. Das höchste Ziel der Bildung war demnach das geistliche Amt, die Hauptlehrgegenstände waren Theologie und die lateinische Sprache, als die kirchliche. Daneben nur als Grundlage für die Theologie wurden noch die sogenannten sieben freien Künste: Grammatik, Dialektik, Rhetorik (das Trivium, daher die niederen Schulen, in denen nur diese drei gelehrt wurden, Trivialschulen hießen), Arithmetik, Geometrie, Astronomie und Musik (Quadrivium) gelehrt. Das Lehrbuch dazu war die Enkyklopädie des Afrikaners Marcianus Capella (470), welches sich trotz seiner Dürftigkeit und Einseitigkeit an 1000 Jahre als das einzige erhalten hat, ein trauriges Zeugniß für die damalige Schulbildung.

Mit der Reformation war ein neues Princip im geistigen Leben aufgetreten, oder vielmehr: das ächte evangelische Princip verschaffte sich Geltung im deutsch=nationalen Leben und hob und veredelte dasselbe. Es war das göttliche Recht der freien Persönlichkeit und der Selbstbestimmung in den eigensten Angelegenheiten gegenüber dem Feudalismus, dem Vorrechte Weniger, das sich auf Leib und Leben der Hörigen erstreckte und in der Leibeigenschaft seinen schärfsten

Ausdruck gefunden hat, sowie der römischen Hierarchie, welche sich das Recht auf das geistige Leben der Einzelnen verschafft hatte.

Die Menschen zu erziehen zu freien Persönlichkeiten wurde von da ab auch das Princip in der Pädagogik. Damit war die allgemeine Menschenbildung: die Bildung jedes Menschen zur Freiheit, d. h. zur sittlichen Selbstbestimmung, gegeben. Amos Comenius und Pestalozzi haben diese Idee am tiefsten erfaßt und am klarsten ausgesprochen; diese beiden Männer sind die Grundsäulen der deutschen Pädagogik.

Mit dem pädagogischen Princip der Freiheit war das Princip der Bildung des Menschen nur zu einem äußeren Zwecke, welches im Mittelalter als Bildung zur Kirche allein maßgebend gewesen war, aufgehoben, wie denn auch die leibliche und geistige Leibeigenschaft aus dem deutsch-nationalen Leben verschwand. Freilich hat die feudale und kirchliche Reaction nach drei und einem halben Jahrhundert das Princip noch nicht zur allgemeinen Durchführung gelangen lassen, aber die Consequenz der historischen Thatsachen, die, auf der nationalen Idee beruhend, unsere Zeit bewegen und das sociale Leben umgestalten, wird auch die Schule frei machen vom Dienst des vergänglichen Wesens zur herrlichen Freiheit der Kinder Gottes. Schon haben außer einigen kleinen Ländern Baden, Baiern (wenigstens im Entwurfe), ja sogar Oestreich der freien Entwickelung der Schule Bahnen geschaffen; noch kurze Zeit und die Schule wird überall in Deutschland in ihre Rechte eingesetzt sein. Die Ideen sind mächtiger als die Menschen.

Die Idee der freien Selbstbestimmung schließt sich aber nicht ab in einem abstrakt geistigen Thun, sondern sie verlangt Bethätigung im Leben, sie nimmt eine praktische Richtung.

Damit ist die Berücksichtigung des praktischen Lebens als zweiter, aber jenem ersten untergeordneter Faktor für die innere Ausstattung der Schulen ausgesprochen. Je nachdem sich das sociale Leben umgestaltet, werden sich demnach auch die Unterrichtsgegenstände verändern; die Schule hat sich nach dem Leben und nicht das Leben nach der Schule zu richten, non scholae, sed vitae discendum sagt Herder.

Das evangelische Princip, welches keine priesterlichen oder kirchlichen Zwischeninstanzen zwischen Menschen und Gott kennt, führte den Menschen unmittelbar an die Quelle des göttlichen Wortes. Luthers Bibelübersetzung war eine nothwendige Consequenz seiner

Principien. Damit war aber auch die Nothwendigkeit gegeben, daß Jedermann lesen lerne.

Mit dem Lesen in enger Verbindung stand das Schreiben. Lesen und Schreiben, als die Grundbedingungen moderner Bildung, waren schon vor der Reformation in den Stadtschulen eingeführt, daher dieselben außer dem Namen Trivialschulen auch wohl den der Schriefscholen erhielten, doch mußte die Erlaubniß zur Ertheilung des Unterrichts in dieser ars clericalis, die vor der Erfindung der Buchdruckerkunst ein wichtiges und einträgliches Gewerbe der Geist= lichkeit bildete, der letzteren meistentheils abgekauft werden.

Die Arithmetik der alten lateinischen Schulen verwandelte sich in Rechnen, doch blieb dasselbe mehr eine exklusive Wissenschaft, da das beschränkte Leben der damaligen Zeit keine Anforderungen an die Schulen stellte; was man brauchte, lernte man durchs Leben selbst. Mit der Ausbreitung von Handel und Gewerbe wurden auch hierin größere Anforderungen an die Schulen gestellt; aber erst die pestalozzischen Principien führten es allgemein ein als ein vorzüg= liches geistbildendes Mittel. Vorzüglich der preußische Regierungs= Rath v. Türk hat sich um dasselbe große Verdienste erworben.

Die lateinische Sprache, welche früher Kirchensprache gewesen war, machte der deutschen Platz; bis ans Ende des vorigen Jahrhunderts behauptete die erstere zwar ihren Platz in den Stadtschulen, aber der Streit des Humanismus mit dem Philanthropismus oder allgemeiner, dem Realismus wies die alten Sprachen mit ihrem ausgebildeten Schematismus als objective Bildungsmittel allein den Gelehrtenschulen zu, die durch den großen Philologen F. Aug. Wolf (1759—1824) eine feste Organisation und ihre Abgrenzung gegen die Volksschulen erhielten. Wenn nun in den höheren Volksschulen der Neuzeit das Latein wieder als obligatorischer Unterrichtsgegen= stand eingeführt und demselben durch die verschiedenen staatlichen und militärischen Berechtigungen, welche jene Schulen erhalten haben; durch die Anforderungen, welche diejenigen, die ihre Söhne später einem Gymnasium übergeben wollten, in den mittleren und kleinen Städten an solche Anstalten machten, sowie endlich durch die an diesen Schulen angestellten Lehrer, welche wenigstens eine von den alten Sprachen, auf denen hauptsächlich ihre Bildung beruhte, in den Lehrplan aufgenommen zu sehen wünschten, vielleicht auch, um diesen Schulen als „wissenschaftlichen" Anstalten gleiche Stellung mit den Gymnasien zu verschaffen, eine größere Stütze verliehen ist, so können wir die Einführung einer alten Sprache in die Anstalten, welche die Volksbildung zu vermitteln haben, doch nur für eine vor= übergehende halten, wie denn auch in Preußen in neuester Zeit nachgegeben ist, daß das Latein von dem Lectionsplane der höheren Bürgerschulen und der Realschulen II. Ordnung ganz gestrichen werden kann. Wir sind gegen das Latein und verweisen auf die oben genannten drei Schriften, welche ebenfalls gegen das Latein auftreten.

Mit dem Ausfall des Lateinischen in den städtischen Schulen war aber Raum für andere Gegenstände gewonnen. Es ist das große Verdienst von A. H. Francke und der pietistischen Schule, durch welches er sich eine berechtigte Stellung in der Geschichte der deut= schen Pädagogik erworben hat, daß er zuerst — nachdem frühere Versuche des Commenius vergeblich gewesen waren — die Realien in die Schulen einführte und damit gegen das Unwesen der da= maligen Trivial= und lateinischen Schulen einen erfolgreichen Kampf eröffnete. Zu einem solchen Schritte gehörte schon ein starker mora= lischer Muth, aber A. H. Francke hatte ja auf einem andern Ge= biete schon Größeres unternommen, den Kampf gegen die starre Orthodoxie.

Wenn aber damals die Durchführung dieser neuen Idee, die Schule dem praktischen Leben zu öffnen, vielfach Ueberschreitungen mit sich brachte, so daß z. B. in einzelnen Anstalten sogar tech= nische Fertigkeiten und nur solche gelehrt wurden, oder daß man wenigstens zu viel Realien in den Bereich des Schulunterrichts zog, so lag das einmal in der Natur der Sache, wonach eine kräftige Idee, wenn sie ins Leben tritt, leicht ihr Bett überfluthet und auf den benachbarten Feldern Verheerungen anrichtet, sodann daran, daß man noch kein Regulativ für die Auswahl der Unterrichtsgegenstände aufgestellt hatte. Das bestimmende Princip war „die Nützlichkeit", unter dem Begriffe der „gemeinnützlichen Kenntnisse" theilte man aber alles Mögliche mit und berücksichtigte dabei weder den geistigen Horizont noch die innere Tragkraft des Kindes. Nur wo ein Mann von Natur mit einem richtigen Blicke und praktischem Geschick aus= gerüstet war, wußte er diese Klippe zu vermeiden, wie z. B. v. Rochow. Im Allgemeinen aber kannte das Utilitätsprincip keine andere Grenze, als die der Zeit und der factischen Unmöglichkeit; es schränkte sogar die grundlegenden Fertigkeiten des Lesens und Schreibens auf ein Minimum ein.

Erst als Pestalozzi mit der allgemeinen Menschenbildung ein höheres Princip für die Schule ausgesprochen hatte, fand daran auch die Auswahl der realen Unterrichtsgegenstände ihr Correctiv. Es mußte Alles aus den Schulen verschwinden, was ganz außer dem Gesichtskreise der Kinder lag, z. B. die politische Gesetzeskunde oder was keinen ethischen Zweck erkennen ließ, z. B. die Abrichtung zu gewerblichen Fertigkeiten, wie denn überhaupt das ganze Unterrichts= wesen durch Pestalozzi eine Vertiefung und Verinnerlichung erfuhr.

Unter der freien Bewegung, die den Schulen hauptsächlich in Preußen, wo auf Anregung der größten Männer der damaligen Zeit und unter dem Schutze der Königin Louise *) — unauslösch= lichen Angedenkens — die Pestalozzischen Ideen zur Durchführung gelangten, gestattet wurde, verschwanden nach und nach die unnatür= lichen Auswüchse des Utilitätsprincips aus den Volksschulen und es blieb von den Realien nur das übrig, was zugleich dem höheren Zwecke des Unterrichts, dem ethischen, der Erziehung, diente. Und das Alles setzte sich ohne gesetzgeberische Maßregeln nach inneren Principien, aber auch nicht behindert und verschoben durch Neben= absichten, ganz ungezwungen fest und das Schulwesen gelangte in verhältnißmäßig kurzer Zeit auf eine hohe Stufe der Vollendung.

Diese Gegenstände sind denn auch bis auf die Gegenwart die= selben geblieben; ich werde mich darum auch nicht auf eine nähere Darlegung und Charakteristik derselben einlassen und verweise an dieser Stelle nur auf einige Schriften, welche als Autoritäten in dieser Beziehung sich Geltung verschafft haben:

---

*) So sagt Eilers, der unter dem Ministerium Eichhorn das Volksschul= wesen leitete, in seiner Schrift „Zur Beurtheilung des Ministeriums Eichhorn", und der zu der früheren Unterrichtsverwaltung und den pestalozischen Principien in Gegensatz trat, Folgendes: „Kein Staat, und dies ist keine gewagte Behaup= tung, hat jemals so große Mittel aufgeboten, so große Kräfte in Bewegung ge= setzt, als Preußen unter der Verwaltung des Ministeriums Altenstein, um Volks= und wissenschaftliche Bildung zu heben. Das Ziel, welches man im Auge hatte, war kein anderes, als Veredelung des Lebens in allen Ständen. Alle Unter= thanen ohne Ausnahme sollten aus dem Rohen herausgezogen, mit möglichst vielen nützlichen Kenntnissen (?) versehen, für Tugend und Vaterlandsliebe erwärmt und so einem edleren menschlichen Leben in vernünftiger Freiheit entgegen geführt werden. Die Königin Louise war das belebende Princip dieser Idee . . . . . Der König sprach es offen aus, „daß er gesonnen sei, das Wohl und Gedeihen seiner Länder hauptsächlich auf die sorgfältig geleitete Ent= wickelung der geistigen Kräfte zu gründen."

Christian Weiß: Zur Fundamental= und Methodenlehre für ein
einfaches Lehrsystem in den Volksschulen unserer Zeit. 2 Thle.
Gotha 1839.

W. Harnisch: Handbuch für das deutsche Volksschulwesen. Breslau.
Die 2. Auflage erschien 1839.

A. Diesterweg: Wegweiser zur Bildung für deutsche Lehrer.
Essen. Bädecker. Leider im Buchhandel vergriffen.

W. J. G. Curtmann: Lehrbuch der Erziehung und des Unter=
richts. 7. revidirte Auflage des Schwarz=Curtmann'schen
Werkes. Leipzig und Heidelberg. 1866.

Für die höheren Bürgerschulen hat sich die Aufnahme lebender
fremder Sprachen als Bedürfniß geltend gemacht; auch ist hier
die Gesetzeskunde nothwendige Consequenz des geschichtlichen
Unterrichts. Ich verweise in dieser Beziehung auf die schon oben
erwähnte Schrift:

Die Stadtschulen. Berlin 1867. S. 50 ff.

Es kam uns bei unseren bisherigen Ausführungen weniger auf
eine vollständige Darlegung der Arbeit der Volksschule an, als viel=
mehr auf eine principielle Festsetzung ihrer Aufgabe, weil sich dar=
nach die Lehrerbildung richten muß.

Die Ableitung der Unterrichtsfächer aus dem Princip der all=
gemeinen Menschenbildung ist eine Unmöglichkeit. Man kann nicht
sagen: Weil der Mensch nach seinen Anlagen und Fähigkeiten aus=
gebildet werden muß, folglich muß er Geographie treiben. Das
ethische Princip ist in dieser Beziehung nicht productiv, sondern nur
affirmativ oder negativ. So will das Christenthum, dem eine ethi=
sche Wirksamkeit im höchsten und absoluten Sinne eigen ist, auch
nicht das reale Leben umformen, sondern nur heben und veredeln
und dadurch neu gestalten, daß es dasselbe zu seinem wahren und
ewigen Urquell zurückführt. Eine Ableitung der Unterrichtsfächer
aus dem Princip der allgemeinen Menschenbildung wäre ein eben
solcher Fehler, als wollte man aus dem christlichen Princip die Be=
rufsthätigkeiten der Menschen ableiten. Darum mußte auch Pesta=
lozzi auf Irrwege kommen, als er aus seinem Princip heraus die
Unterrichtsfächer nach Form, Zahl und Sprache bestimmen wollte.

Die Unterrichtsfächer richten sich nach dem realen Leben, das höhere Princip scheidet davon nur das Falsche aus und vergeistigt das Wahre.

III.
Zur Geschichte der Lehrerbildung.

A. Vorgeschichte.

Bis zum 12. Jahrhundert gehörten die Lehrer ausschließlich dem geistlichen Stande an. Da die Schulen selbst keinen höheren Zweck kannten, als die Erziehung zur Kirche, die sich aber als Hierarchie darstellte, so kann man von einer Volksbildung und von Volksschullehrern in dieser Zeit nicht reden. Wie gering aber jene durch die Geistlichen vermittelte Bildung gewesen sein muß, geht aus den Anforderungen hervor, welche man damals an die Geistlichen selbst stellte. Man forderte von ihnen, „daß sie die lateinischen Formeln der Liturgien und Sakramente verständen; daß sie sich derselben im Singular oder Plural, im Maskulinum oder Femininum, nach Maßgabe der Umstände bedienen könnten; daß sie im Stande wären, die Evangelien und Episteln beim Gottesdienste lateinisch abzulesen und ihren buchstäblichen Sinn zu erkennen; daß sie die Psalmen auswendig wüßten und die von Otfried von Weißenburg verdeutschten Homilien oder Predigten des heiligen Gregorius nebst den Auslegungen des apostolischen Glaubensbekenntnisses, der 10 Gebote und des Vaterunsers im Hause hätten. Man glaubte, es sei hinlänglich für einen Prediger, wenn er seine Bildung in den Trivialschulen der Klöster empfinge und der Besuch der höheren Schulen wurde gar nicht verlangt. *)"

Unter solchen Umständen ist es ein günstiges Zeichen für die dem deutschen Geiste innewohnende Kraft, wenn trotz der mangelhaften Schulbildung eine klassische Periode unserer Literatur aus jener Zeit erwächst, deren Produkte heute noch unsere Bewunderung erregen. Es war das deutsch nationale Leben, welches sich trotz der mangelhaften oder vielmehr trotz der ganz fehlenden Schulbildung in freien Geistesprodukten offenbarte.

---

*) Ruhkopf. Geschichte des Schul= und Erziehungswesens. Th. I. S. 40.

Mit Anlegung der Stadtschulen emancipirte sich der Lehrerstand vom geistlichen Amte, fiel aber dem andern Extrem in die Arme, dem Zunftwesen. Es bildeten sich unter den Lehrern Meister, Ge= sellen und Schüler, welche von einer Stadt zur andern zogen. Die Lehrer wurden von den Magistraten der Städte gewöhnlich auf ein Jahr gemiethet. Aber Lehrer wie Schüler waren meist Vagabunden, die sich vielfach von Betteln und Stehlen (schießen, daher die herum= ziehenden Schüler ABCschützen hießen) ernährten.

Wenn die Gründung der Universitäten, das Erwachen der klassi= schen Studien, die Errichtung besonderer, von der Geistlichkeit un= abhängiger Schulen auf Heranbildung eines besonderen Lehrerstandes schon vor der Reformation hingewirkt hatten, so kam letztere ver= möge des ihr innewohnenden Princips diesem Streben nicht nur entgegen, sondern begründete dasselbe auch tiefer und verallgemei= nerte es, indem sie überhaupt die Gründung von Schulen, auch an den kleinsten Orten, ins Auge faßte.

Aber erst, nachdem das deutsch=nationale Leben sich consolidirt, die Pädagogik selbst als Wissenschaft sich Geltung verschafft hatte, nachdem fast überall Volksschulen errichtet waren, wurde man auf die Nothwendigkeit einer besonderen Lehrerbildung in eigens dazu errichteten Anstalten hingeführt. Bis dahin behalf man sich, so gut es gehen wollte, mit Leuten, die lesen und schreiben, vielleicht auch etwas rechnen konnten und nahm daher diese für die Dörfer am liebsten aus dem Handwerkerstande, weil das Schulehalten allein den Lehrer nicht ernährte; in den Städten waren es Leute, welche eine Stadtschule, vielleicht auch eine Universität besucht hatten.

B. Die Lehrerbildung bis zum Ende des 18. Jahrhunderts.

Amos Comenius war der erste, der ein auch die Volksschule mit umfassendes pädagogisches System aufgestellt hat und dasselbe hätte gewiß nicht nur eine feste Gründung der Schulen, sondern auch die Errichtung von Lehrerbildungsanstalten nach sich gezogen, wenn die damalige Zeit dem Schulwesen überhaupt günstig gewesen wäre. Aber der unselige dreißigjährige Krieg verwüstete Deutsch= lands Städte und Dörfer und zerstörte auch die geringen Anfänge der Schulen: wie konnte man da an eine besondere Lehrerbildung denken? Erst nachdem Deutschland sich materiell wieder erholt hatte, erst nachdem wieder neue Schulen gegründet waren, stellte sich auch die Nothwendigkeit besonderer Schullehrerbildungsanstalten ein.

Schon 1679 scheint in dem Waisenhause zu Braunschweig eine
Einrichtung zur Bildung von Lehrern bestanden zu haben. 1687
existirte zu Wesel eine Stiftung zur Bildung von Schullehrern
reformirter Confession unter dem Namen Contubernium. *) Im
Gothaischen wurden durch den Herzog Friedrich II. seminaria scho-
lastica gegründet, indem er den zehn „geschicklichsten Schuldienern"
seines Landes eröffnen ließ, daß sie als Moderatores denjenigen,
so sich zum Schulwesen appliciren wollen (auch die Candidati theo-
logiae eingerechnet) mit nöthiger Anweisung an die Hand gehen
mögen." Nachdem man, wie es in den Akten heißt, im Fürsten-
thumb diese Moderatores erkieset, wurde ihnen auch sofort die
„Instruction für die Moderatores circulorum scholastici" zu-
gefertigt und ihnen darin mitgetheilt, daß sie die, „so sich zu dem
Schul-Amte gewidmet, sowohl in denen zum Christenthum und
gründlichen Verstand des Catechismi, als auch sonsten zu geschick-
licher Führung des Schul-Amtpes nöthigen Stücken anweisen . . .
und zwar so, daß jeder derjenigen, so sich zum Schul-Amte schicken
und in seinem Circul gehören, an seinem Orthe, und wo es sein
kann, bei Ihm sich aufhalten, von Ihm in den ehemals angefer-
tigten Büchern, dem Hauskirchbüchlein, dem Suscitabulum, der
Sterbekunst und dem Catechismo u. s. w. unterrichtet würden,
auch seine Information in der Schule (nach Arndts wahres Christenthum) mit anhören und dann die Seminaristen in seinem Beyseyn
auch ihre Probe in der Information ablegen lassen. Hiernächst ist
sodann der Schul-Methodus in gewissen Stunden mit ihnen vor-
zunehmen, und zwar nicht allein, wie nach demselben zu verfahren
sei zu zeigen, sondern auch darbey ein und anderer Vortheil, den
Er, der Praeceptor, practicable befunden, treulich zu eröffenen und
bey der Information in der Schule gleichsam als eine Probe dar-
zulegen, damit sie hernach dieselbe wohl appliciren lernen." Außer
der Anleitung zum Predigtnachschreiben, zu der Orthographie und
der Rechenkunst soll der Praeceptor sodann die Seminaristen fleißig
im Unterricht in der Musica üben und sie zur Dirigirung einer
frommen Kirchenmusik anführen, auch „Kann Mittwochs Nachmit-
tags ein Collegium musicum angestellt werden, worzu theils diejenigen Seminaristen, so sich entwender bei den ihrigen aufhalten
oder bereits beim Consistorium inscribiret sind, theils aber auch

---

*) Dr. K. Schmidt. Geschichte der Pädagogik. III. Band. S. 605.

andere benachbarte Schulmeister, welchen es gefället, Kommen und
sich üben Können. Jedoch daß darbey alle Saufferey und andere
Excesse vermieden und Alles christziemend angestellt werde."*)

Das größte Verdienst um Heranbildung von Lehrern erwarben
sich jedoch die Pietisten. Francke in Halle richtete besondere Anstalten
zur Heranbildung seiner Lehrer ein. 1732 und 1735 ward mit dem
Waisenhause in Alt-Stettin eine Einrichtung für Lehrerbildung verbunden. 1736 wurden in der Schule zu Kloster-Bergen bei Magdeburg Lehrer gebildet. „Wir befehlen Euch in Gnaden, heißt es
(1736) im Rescript von Friedrich Wilhelm I. an den Abt von
Kloster-Bergen, alles Ernstes bemüht zu sein, daß bei Euch jederzeit
ein Seminarium von jungen Leuten angetroffen werde, aus welchem
man geschickte Schulmeister und Küster nehmen könne. Es müssen
sothane Subjecte im Lesen, Schreiben und Rechnen, wenigstens was
die 5 Species betrifft, recht fertig, vor allen Dingen im Stande
seyn, der Jugend prima principia christianisimi beyzubringen."

Die Entstehung eigentlicher Seminare fällt jedoch erst in die
2. Hälfte des 18. Jahrhunderts.

Der um das Berliner Schulwesen hochverdiente Ober-Consisto-
rialrath Johann Julius Hecker, ein Schüler Francke's, verband mit
seiner Realschule 1748 eine Privat-Bildungs-Anstalt für Lehrer, zunächst für die Parochialschulen der Dreifaltigkeitskirche in Berlin und
für die unteren Klassen der Realschule.**)

Friedrich II. erließ 1750 eine Verordnung, daß die Küster- und
Schullehrerstellen auf 8 bis 10 Meilen um Berlin mit Subjekten
aus der Realschule, „die des Seidenbaues kund wären," besetzt werden sollten. Das Seminar erlangte bald, auch durch Staatszuschüsse,
hinreichende äußere Mittel, wurde auch 1753 zum „Churmärkischen
Küster- und Schullehrer-Seminar" erhoben. Die Zöglinge des Seminars, so lautet der Bericht vom Provinzial-Schulrath O. Schulz,
waren mehrentheils Handwerker, die nur so viel zu erlernen wünschten, um Schulhalten als ein Nebengewerbe treiben zu können, denn
die schlechte Ausstattung der meisten Schulstellen in der Churmark
ließ den Gedanken nicht leicht aufkommen, sich dem Schulstande
ausschließlich zu widmen, auch war in landesherrlichen Verordnungen

---

*) Kehr, die Gründung und erste Einrichtung des Gothaischen Schullehrer-
Seminars im 2. Jahresberichte über das Lehrer-Seminar zu Gotha, herausgegeben von Dr. F. Dittes. Gotha 1867.

**) Schulblatt für die Provinz Brandenburg. Jahrgang 1836. S. 43 ff.

aus früherer Zeit immer darauf hingewiesen worden, daß ein Schul=
halter auf dem Lande nicht begehren dürfe, von dem Ertrage seiner
Stelle zu leben, sondern daß er nebenbei noch Einiges verdienen
müsse. Der Unterricht umfaßte Alles, was nach damaliger Zeit in
Schulen zu lehren war, auch Geschichte, Geographie und Statistik;
außerdem eine kurze Pädagogik und Methodologie und als beson=
dere Lection christliche, vernünftige und sittsame Betragart, wobei
dem Seminaristen u. A. gezeigt wurde, „wie sie durch Reinlichkeit,
Ordnung in der Wirthschaft, gefälliges und leutseliges Betragen
gegen Jedermann, gute Stellung ihres Körpers, ungezwungene Höf=
lichkeitsbezeugungen und anständige Verbeugungen gegen Hohe und
Niedere sich empfehlen können." Bis zur Aufstellung eines beson=
deren Lehrers (Zimmermann) wurden sämmtliche Seminaristen in
e i n e r Klasse gemeinschaftlich unterrichtet, aber auch nach der Thei=
lung derselben in eine „obere und untere" Klasse konnte doch von
planmäßiger Einrichtung des Unterrichts gar nicht die Rede sein.
Die Dauer der Bildungszeit war unbestimmt, wie die Zahl der Se=
minaristen. Die Aufnahme erfolgte nach den Umständen, die Ent=
lassung nach dem Bedürfniß, der Cursus hatte weder Anfang noch
Ende und die Leistungen waren, wie man sie bei solcher Einrichtung
erwarten konnte. O. Schulz berichtet nach einem ihm zufällig be=
kannt gewordenen Hefte mit Prüfungsarbeiten der Seminaristen, daß
Vielen sogar Sicherheit in der Rechtschreibung und in sprachlichem
Ausdruck abging; von den praktischen Leistungen · der Seminaristen
war noch weniger zu erwarten, denn nur die 4 Hausseminaristen
hatten als Hülfslehrer an der Realschule Gelegenheit, sich im Unter=
richten zu üben, alle übrigen waren auf die „praktischen Anweisun=
gen" beschränkt, in denen sie eine Anleitung zur Ertheilung des Lese=
unterrichts erhielten, den Katechisationen des Hauptlehrers zuhörten
und zuweilen eigene Versuche im Katechisiren machen durften. —
Auch der Freiherr v. Zedlitz, der berühmte Cultus=Minister unter
Friedrich dem Großen, der sich um das gesammte Schulwesen Preu=
ßens, das höhere wie das niedere, und indirect Deutschlands — er
ist der intellectuelle Urheber der Stellung der Schule unter die
Oberaufsicht des Staates — unsterbliche Verdienste erworben hat,
war mit den Leistungen dieses Seminars durchaus nicht zufrieden.
Er schreibt darüber an den Domherrn von Rochow: „Ich habe vor
Kurzem das hiesige Schulmeister=Seminar bei der Realschule revi=
diren lassen, und mir graut schon vor dem Bericht, dessen Data mir

Herr Teller vorläufig mitgetheilt hat. Ein paar niederschlagende
Pulver nehme ich ein, ehe ich ihn lesen und darauf decretiren werde.
Ich habe es erst kürzlich im hiesigen Consistorium replicirt, daß wir
uns allerdings strafbar machen, wenn wir dergleichen Sudeleien
dulden; denn gewiß ist kein Unterricht und kein Seminarium
besser, als ein verkehrter." — In der That scheint auch das Semi=
nar schon im Zuschnitte verdorben gewesen zu sein. Denn alle spä=
teren Bemühungen des umsichtigen und für das Schulwesen begei=
sterten Oberconsistorial= und Schul=Rathes Natorp, die verkümmerte
Gestalt desselben zu verbessern und gänzlich umzugestalten, blieben
fruchtlos und so hob denn die Regierung im Jahre 1817 das Se=
minar ganz auf.

Es entstanden um jene Zeit noch andere Seminare an ver=
schiedenen Orten Deutschlands. 1751 wurde vom Kaufmann Bött=
cher der Grund zum Seminar in Hannover gelegt. Es wurden
Seminare errichtet: 1753 zu Wolfenbüttel, 1764 in der Grafschaft
Glatz; 1765 in Breslau (katholisch), 1767 (evangelisch), 1768 in
Karlsruhe, 1772 in Klein=Dexen (Ostpreußen), 1773 in Helmstedt,
1776 in Minden, 1778 in Halberstadt, 1779 in Idstein, 1780 in
Gotha, 1781 in Kassel und Kiel, 1783 in Detmold, 1784 in Köthen
und Stettin, 1785 in Dresden, 1786 in Ludwigslust, 1787 in Al=
tenburg, 1788 in Weimar und Oehringen, 1790 in Salzburg, 1781
in Greifswalde, 1792 in Petershagen und Stade, 1793 in Greiz
(Voigtland) 1794 in Weißenfels, Hildburghausen und Friedrichs=
stadt=Dresden, 1795 zu Dessau, 1796 zu Bückeburg, 1797 zu
Freiburg 2c.

Was die innere Organisation dieser Seminare betrifft, so ent=
sprach sie genau dem nüchternen Schulunterrichte in der zweiten
Hälfte des vorigen Jahrhunderts. Die Hauptsache war, den ange=
henden Lehrern Kenntnisse und Fertigkeiten beizubringen. Die
Seminare waren keine selbstständigen Anstalten, sondern Nebenan=
stalten der schon bestehenden Stadtschulen, Anhängsel von Gymna=
sien, Realschulen, Waisenhäusern 2c. Die Seminaristen nahmen am
gewöhnlichen Schulunterrichte Theil und hatten daneben noch einige
besondere Lehrstunden in Pädagogik, Katechetik, Musik, auch wohl
in Agricultur, Seidenbau, Obstzucht 2c. Zugleich suchte man die
Seminaristen durch praktische Uebung für ihren Beruf vorzubereiten.

Diese ersten Anfänge der Seminarien zeigen wohl, daß man
die Nothwendigkeit einer besonderen Lehrerbildung erkannt hatte, aber

auch), wie wenig die ersten Seminarien den Anforderungen entspra=
chen, die man an dieselben zu machen berechtigt ist. Das lag in
den Verhältnissen. Die kümmerliche Besoldung der Lehrer, die ge=
ringe Achtung, in der sie beim Volke standen, die dürftige Vorbil=
dung und das utilistische Princip in Bezug auf theoretische und
praktische Ausbildung waren nicht geeignet, die Seminarien zu heben
und die Bildung der Schullehrer zu fördern. Die Seminare be=
schränkten sich gemäß den bis in den Anfang dieses Jahrhunderts
geltenden Ansichten über die Volksschule und deren Aufgabe, nur
auf Aneignung der nothdürftigsten Kenntnisse und Fertigkeiten für
den künftigen Volksschullehrer.

C. Die Seminarien des 19. Jahrhunderts.

Mit dem veränderten Stande der Pädagogik im 19. Jahrhun=
dert änderten sich auch die Seminarien.

Der äußere Druck, der auf Deutschland lag, brachte das Volk
wieder zu sich selbst und hob die nationale Kraft im Innern. Durch
die Hoffnungslosigkeit der Gegenwart wurde der Blick auf eine bessere
Zukunft gerichtet und diese glaubte man nur durch gute Schulen
herbeiführen zu können, darum nahm man sich derselben mit größ=
tem Eifer an. Diesem Streben nach Hebung des Volksschulwesens
kamen die Ideen Pestalozzi's entgegen, auf welche der vaterlands=
begeisterte Philosoph und Redner Fichte in seinen weithin hallenden
Reden an die deutsche Nation hinwies. Auf Grundlage der bis=
herigen Erfahrungen und der Pestalozzischen Ideen entstand eine
eigene pädagogische Wissenschaft, die zuerst vom Kanzler Niemeyer
und Chr. Schwarz systematisch dargestellt wurde und zwar mit
Benutzung der Kant'schen Philosophie.

Nach Beendigung der Freiheitskriege dachte man alles Ernstes
an die Erweiterung und eine den gesteigerten Ansprüchen an die
Volksschulen sowohl, wie dem wissenschaftlichen Standpunkte der Pä=
dagogik entsprechende Umgestaltung der Seminare; meistentheils wur=
den aber ganz neue Seminare errichtet. Die Errichtung ging nicht
mehr, wie es früher meist der Fall war, von einzelnen Persönlich=
keiten aus, sondern von den Staatsbehörden, da ja die Schulen,
wenigstens in Preußen, Staatsanstalten geworden waren. Seit
1809, besonders aber seit 1816 erwachte auf diesem Gebiete ein be=
sonders reger Eifer. Preußen hatte auch in jenen Jahren junge

Männer zu Pestalozzi nach der Schweiz geschickt, „damit sie sich an
dem heiligen Feuer dieses Mannes" fürs Volksschulwesen begeistern
sollten; bald gewannen die von Pestalozzi ausgegangenen Ideen in
Preußen Gestalt und neue Seminarien wurden hier, sowie nach
deren Muster auch in andern Staaten Deutschlands errichtet, so in
Braunsberg 1810, Karlehne 1811, Köslin und Bunzlau 1816, Potsdam, Graudenz, Neuzelle, Kaiserslautern, Friedberg (1817), Neuwied
1818, Bromberg und Bensheim (1819), Erfurt und Mörs (1820),
Schleiz (1821), Brühl (1823), Brünn, Gmünd, Büren (1825),
Berlin (für Stadtschulen 1832), Parabies (Regierungsbezirk Posen,
1832), Eichstädt (1835), Heiligenstadt (1836) ꝛc.

Neben dem erweiterten und tiefer begründeten Unterrichte sollten
die Seminarien auch ihre Zöglinge erziehen; dann aber ging vor
Allem das Streben dahin, in den Seminaristen Sinn und Begeisterung für die heilige Sache der Jugendbildung zu erwecken, namentlich auch einen religiös-sittlichen Geist in ihnen zu pflanzen und
zu nähren. In Folge der frühern trüben Erfahrungen und um die
Erziehung recht wirksam werden zu lassen, richtete man Internate
ein, so daß der Seminarist im Seminar selbst Wohnung, Kost,
Pflege und Aufsicht erhielt, gab aus Staatsfonds Zuschüsse und er-
richtete ganze und halbe Freistellen. In Preußen, wo die allgemeine
Wehrpflicht bestand, wurde denen, welche in einem Haupt- und Neben-
Seminar ausgebildet waren, statt der dreijährigen Militärdienstzeit
eine nur sechswöchentliche Uebungszeit gewährt (Kabinets-Ordre vom
29. October 1827). In der inneren Organisation wurde den Direc-
toren, welche mit der größten Vorsicht ausgewählt wurden, die möglichst freie Bewegung gestattet. So wurden in Preußen gar keine
Verordnungen erlassen zur Regelung des innern Betriebs der Seminarien, indem man von der richtigen Voraussetzung ausging, daß
nur bei freier Wirksamkeit des Direktors und Lehrer-Collegiums ein
Seminar wahrhaft gedeihen könne, und daß minutiöse Vorschriften
in Bezug auf die innere Wirksamkeit nur hinderlich und schädlich
wirken müssen. Dagegen fehlte die persönliche Einwirkung, namentlich unter Beckedorff, der mit den Seminardirectoren im regsten Ver-
kehrstand, nicht. Beckedorff, welcher von 1819—1827 das Volksschulwesen unter Altenstein als Ministerialrath leitete — nebst der
früheren Zeit unter Altenstein die Glanzperiode des preußischen Volksschulwesens —, sagt in seinen „Jahrbüchern des preußischen Volksschulwesens" (1825, S. 97 ff.): „Um gute Schulen zu bekommen

muß man gute Lehrer haben … die Bestimmung der Seminarien
ist, daß junge Leute, welche natürliche Gaben und eine genügende
Grundlage in Kenntnissen besitzen, mit allen den Eigenschaften mög=
lichst ausgerüstet werden, die dem Lehrer in seinem Berufe unent=
behrlich und nützlich sind. Aus dieser ihrer Bestimmung aber er=
giebt sich im Allgemeinen ihre Einrichtung. In den Seminarien
sollen künftige Lehrer

1) die ihnen nöthigen und nützlichen Kenntnisse und Fertigkeiten
   gründlich, sicher und zusammenhängend erhalten;
2) zu deren Anwendung im Lehramte angeleitet und darin ge=
   übt und
3) mit den Pflichten ihres Berufes vollständig bekannt gemacht,
   in der Neigung zu demselben befestigt und mit einer Gesin=
   nung erfüllt und zu einem Betragen angeführt und gewöhnt
   werden, wie von einem Lehrer mit Recht gefordert wer=
   den kann." —

„Es läßt sich schwerlich etwas Allgemeines darüber festsetzen,
wie ein Schullehrer=Seminar in allen seinen einzelnen Beziehungen
eingerichtet werden müsse." —

„Die Hauptsache beruht in der Persönlichkeit der Lehrer und
Vorsteher und es kommt in der Leitung mehr auf Eifer, Treue und
Geschick an, als auf äußere Einrichtung."

„Alle Seminarien müssen unter einander in gewissen wesent=
lichen Punkten und Grundsätzen in innerer Uebereinstimmung stehen,
diese aber kann der Natur der Sache nach nicht sowohl auf allge=
meine Verfügungen und Vorschriften, als vielmehr durch persönliches
Einverständniß der Vorsteher und Lehrer bewirkt und erhalten
werden."

„Ueberhaupt ist ein guter Vorsteher tausend Mal mehr werth,
als ein gutes Reglement; ja das beste richtet nichts aus, wenn den=
jenigen, die es handhaben und befolgen sollen, der Geist oder der
Wille dazu abgeht. Denn auch hier, wie überall, bewährt es sich:
der Buchstabe tödtet, aber der Geist macht lebendig."

Und in der That, wenn wir die Wirksamkeit jener ersten, doch
immerhin noch unvollkommenen Seminarien ansehen, so steht jene
Zeit als ein Muster für alle Zeiten da. Was haben z. B. Diester=
weg, Harnisch, Henning, Hentschel u. A. für die pädagogische Lite=
ratur geleistet, welche geistige Anregung ist von ihnen ausgegangen,
was für Schüler haben jene Seminarien gebildet: Männer, die jetzt

noch mit größtem Segen wirken, die sich eine weit über ihre ur=
sprüngliche Absicht hinausgehende Stellung, ja, die sich sogar einen
unsterblichen Ruhm erworben haben; ich erinnere nur an den Einen:
Ferdinand Schmidt, in dessen Schriften das Princip der modernen
Pädagogik eine klassische, ideale Gestalt gewonnen hat.

IV.

Die Pestalozzischen Principien und die preußische Unterrichts-Verwaltung.

Pestalozzi hat nicht eine bestimmte pädagogische Schule ge=
gründet, die neben einer andern zu bestehen die Berechtigung hätte,
sondern er hat den Grund gelegt für alle Pädagogik, indem er die=
selbe nicht auf ein menschliches System gründete, sondern auf das
göttliche Werk selbst. An der Hand der dem Menschen vom Schöpfer
gegebenen inneren Natur ging er dem göttlichen Schöpfungsgedanken
selbst nach und fand als Ziel der Erziehung die Bestimmung des
Menschen und als Zweck die innere Befriedigung, den Weg dahin
bestimmte er nach dem Wesen des Menschen.

Pestalozzi befindet sich mit diesen seinen Principien im innig=
sten Einklange mit dem Geiste des Christenthums, den Pestalozzi
auf die Erziehung angewendet hat, den er durch die Erziehung
wirklich machen will. Ein Abweichen von den Principien Pestalozzi's
ist ein Abweichen von der Wahrheit überhaupt. Ich sage „von den
Principien“, denn den von ihm selbst abgeleiteten praktischen For=
derungen kommt nicht eine gleiche Geltung zu, sie sind meist ver=
fehlt. Pestalozzi war zu ideal, als daß er sich im praktischen Leben
hätte zurecht finden können. Auch lag es in der Natur der Sache,
daß die praktische Anwendung dieser Ideen sich nur durch eine lang=
jährige Erfahrung festsetzen ließ.

Der Staat, in dem die Ideen Pestalozzi's am allseitigsten und
energischsten durchgeführt wurden, war Preußen. Wir wenden uns
darum ausschließlich diesem Staate zu. Auch K. Schmidt sagt in
seiner Geschichte der Pädagogik, daß mit dem Interesse für die
Pestalozzischen Ideen der Supremat im Volksschulwesen an Preußen
überging. Ich erwähne dies, um mich vor dem Vorwurfe eines
ungerechtfertigten Particularismus zu bewahren. Daß nicht auch in
andern deutschen Staaten, z. B. in Hessen, wo Chr. Schwarz wirkte,

in Baiern, wo Stephani und Graser (beide obwohl Katholiken, von
der jesuitischen Partei verfolgt,) thätig waren, der Geist Pestalozzi's
Eingang gefunden hätte, soll damit nicht gesagt sein, so viel aber
steht fest: Preußen stand damals an der Spitze der Entwickelung.
Es ist das Verdienst Preußens und namentlich Friedrichs II.
und seines Ministers v. Zedlitz, daß das Schulwesen von den engen
Schranken eines blos kirchlichen Zieles befreit und dem nationalen
Leben überhaupt dienstbar gemacht wurde. Unter Friedrich II. wurde
nicht nur ein besonderes Cultus-Ministerium — das allerdings auch
noch andere Geschäfte besorgte — errichtet, sondern die Anordnungen
über das Innere des Schulwesens gingen auch nicht mehr von einer
kirchlichen Behörde aus, sondern vom Oberhaupt des Staates, wie
denn das bekannte General-Landschul-Reglement (1763) von Friedrich II. unmittelbar erlassen ist unter Gegenzeichnung des Ministers
v. Dankelmann. Im „Allgemeinen Landrecht", welches unter Friedrich II. zwar ausgearbeitet, aber erst unter seinem Nachfolger erlassen wurde, werden die Schulen geradezu für Staatsanstalten erklärt.

Nachdem noch verschiedene Veränderungen in Bezug auf die
leitenden Behörden statt gefunden hatten (auch W. v. Humboldt war
auf einige Zeit Cultus-Minister), wurde 1817 wiederum ein Ministerium der Unterrichts-Angelegenheiten, dem auch das geistliche De-
partement und das Medicinalwesen zuertheilt wurde, errichtet und
der Minister Freiherr v. Altenstein damit betraut. In dem Ministerium selbst erhielt seit 1819 das Volksschulwesen seine besonderen
Decernenten. Der erste, welcher das Volksschulwesen und die Seminarien allein unter seine Leitung bekam, war Beckedorff, welcher
1819 ins Ministerium berufen wurde, als Süvern anfing zu
kränkeln. Nach seinem Uebertritt zur katholischen Kirche erhielt
Beckedorff 1827 seine Entlassung, an seine Stelle trat Dreist, ein
unmittelbarer Schüler Pestalozzi's, der 1832 an die Regierung zu
Stettin versetzt wurde, und Kortüm Platz machte. Altenstein starb
im Mai 1840, ihm folgte Eichhorn, unter dem Eilers das Volksschulwesen bearbeitete. Mit ihm begann der Rückschritt auf diesem
Gebiete.

Die Glanzperiode der preußischen Unterrichtsverwaltung war die
unter Süvern, Beckedorff und Dreist. Wir haben zwar aus jener
Zeit keine „amtlichen Vorschriften" aufzuweisen, aber jene Männer
waren von dem rechten Geiste beseelt und wußten das Schulwesen
geistig zu leiten, was nicht nur durch die Wahl der Männer zu

einflußreichen Stellen, sondern auch durch den persönlichen Verkehr, in den sich die höchsten Beamten mit den geistigen Führern der Volksschule setzten, bekundet wird.

Zwei wichtige historische Documente sind aus der preußischen Unterrichtsverwaltung jener Zeit auf uns gekommen. Das eine ist das von Süvern ausgearbeitete Unterrichtsgesetz, welches, wenn es auch nicht amtliche Geltung erlangte, doch für die innere Verwaltung maßgebend blieb — leider ist es noch nie in seinem ganzen Umfange veröffentlicht worden, nur einen Theil desselben hat O. Schulz im Schulblatte für die Provinz Brandenburg zu allgemeiner Kenntniß gebracht —; das andere sind die „Jahrbücher des preußischen Volksschulwesens", welche Beckedorff von 1825 bis 1829 herausgab. Sie umfassen 9 Bände.

Es war ein feiner Takt, der die damalige preußische Unterrichtsverwaltung leitete, daß sie die geistige Bewegung auf dem Gebiete der Pädagogik nicht durch ein Staatsgesetz regelte. Das Gesetz tödtet den Geist. Wir beklagen es darum auch nicht, daß das von Süvern 1819 ausgearbeitete Unterrichtsgesetz die staatliche Sanction nicht erhielt, obwohl wir den Principien desselben und den daraus abgeleiteten Forderungen von ganzem Herzen beistimmen. Durch ein Staatsgesetz wäre die geistige Bewegung selbst verknöchert, wie das evangelische Leben sich unter den dogmatischen Festsetzungen der Concordienformel verknöcherte, als diese oder auch die andern symbolischen Schriften zu Landesgesetzen gemacht wurden. Nicht von einem Gesetz, sondern von der durch die Liebe hervorgerufenen Hingabe an die große und heilige Sache der Volksbildung ist in dieser Beziehung Heil zu erwarten; und wenn man von der, wie man sagt, liberalen Unterrichtsgesetzgebung in einigen deutschen Staaten eine Hebung des Volksschulwesens erwartet, so befindet man sich in einer argen Täuschung. Der Geist und die Liebe werden nur geweckt durch Geist und Liebe und nicht durch die starre todte Forderung des Gesetzes. Nur von Persönlichkeiten, deren ganzes Sein und Wesen in der Sache aufgeht, von starken kräftigen Geistern kann von der Spitze der Leitung herab ein frischer fruchtbringender Lebensstrom in die Tiefen sich ergießen, aber nicht von dem Buchstaben eines Gesetzes.

Um aber eine solche geistige und zwar über den beschränkten persönlichen Verkehr hinausgehende allgemeine Einwirkung auf das Schulwesen ausüben zu können, gab Beckedorff — nicht amtlich,

sondern als Privatmann — seine Gedanken, so wie die von da=
maligen Größen der Pädagogik entworfenen Pläne und Rathschläge
in den Jahrbüchern für das preußische Volksschulwesen heraus.

Die Seminarien wurden damals ganz neu — äußerlich, wie
innerlich — organisirt. Darum finden wir auch in den Jahr=
büchern Beckedorff's verschiedene Nachrichten über solche Einrichtun=
gen, die den übrigen zur Anregung und Nacheiferung dienten. Vor=
züglich ist es das Reglement für das evangelische Schul=
lehrer=Seminar zu Mörs, von Diesterweg, der seit 1821
Direktor war, wahrscheinlich 1824 entworfen, welches die Grundlage
für die Organisation der Seminarien bis zum Erscheinen der Re=
gulative abgegeben hat. Die Regulative bezeugen dies selbst, indem
sie gleich zum Eingange sagen, daß den Seminarien seit längerer
Zeit ein möglichst freier Spielraum der Entwickelung gestattet ge=
wesen sei. „Die Grundlage für diese Entwickelung war im Wesent=
lichen gegeben durch das für das evangelische Schullehrer=Seminar
zu Mörs bei seiner Einrichtung erlassene (?) Reglement, welches
sich in Beckedorff's Jahrbüchern abgedruckt findet."

Das große Interesse der damaligen Verwaltung an dem Volks=
schulwesen und der Seminar=Einrichtung wird aber auch noch durch
andere Aufsätze bezeugt, und vorzüglich sind in folgenden Aufsätzen
weitere Grundzüge enthalten:

1) „Die Preußischen Schullehrer=Seminarien", wie es scheint,
von Beckedorff selbst. Einzelne Sentenzen aus diesem Aufsatze ha=
ben wir oben angeführt.

2) Einen Anhang dazu bildet ein Artikel: „Die kleineren
Preußischen Schullehrer=Seminarien und Lehrerbildungsanstalten."

3) „Das Lastadische Hülfs=Seminar zu Stettin."

4) „Das Ottostift bei Pyritz in Pommern"; ebenfalls ein klei=
neres Seminar.

5) „Hausordnung für die Zöglinge des Königlichen evangeli=
schen Schullehrer=Seminar zu Breslau," wahrscheinlich von Hientzsch
entworfen.

6) „Behandlung des Unterrichts in den Seminarien nebst
einem Auszuge aus dem Statut für das Königliche Schullehrer=
Seminar zu Neuwied," letzteres wahrscheinlich von Braun, und
einem „Auszuge aus des Herrn Striez Nachrichten von dem König=
lichen Schullehrer=Seminar zu Potsdam."

7) „Amtlicher Bericht über das Schullehrer=Seminar zu Soeft, vom Seminar=Direktor Ehrlich. Oftern 1825."

8) „Ueber Erziehungsanstalten, als Vorbereitungsschulen für Schullehrer=Seminare in der Provinz Preußen und einige Bemer= kungen über Einrichtung der letzteren." Die Bemerkungen sind von Beckedorff, der Aufsatz selbst von einem Schulmanne in Oftpreußen.

9) „Jahresbericht über das katholische Schullehrer=Seminar zu Brühl pro 1824 — 1825," erstattet vom Direktor desselben, dem Pfarrer Schweizer.

10) „Jüdisches Schulwesen" VI Artikel umfassend. Der letzte giebt einen „Lehrplan des israelitisch=theologisch=pädagogischen Se= minars und der damit verbundenen Elementarschule."

11) „Auszug aus einem Berichte des Königlichen Consistorii zu Münster, über die Einrichtung der in der dortigen Provinz be= findlichen Normalschulen („eine Bildungsanstalt für Elementar= schullehrer, welche ihrer Bestimmung nach nichts anderes ist, als ein methodologischer Lehrcursus") und die darin gegebene Gelegen= heit zur Bildung der Lehrerinnen."

Endlich aber verdient auch noch Erwähnung wegen der darin enthaltenen erzichlichen Momente:

12) „Der amtliche Bericht des Directors Dr. Harnisch zu Weißenfels über die Bewirthschaftung der Gärten beim dortigen Königlichen Seminar durch Seminaristen."

Die Jahrbücher hörten bald nach dem Austritte Beckedorff's aus seiner Stellung auf zu erscheinen. Keiner seiner Nachfolger hat sie fortgesetzt.

V.

Die Reaction und die Regulative.

Wie in dem physischen Leben des Individuums auf jede Er= regung eine Abspannung folgt, so auch im geistigen Leben der Völker. Auch das innere Leben hat Ebbe und Fluth.

Die furchtbare Knechtschaft des corsischen Despoten hatte die höchste Begeisterung in den Freiheitskriegen hervorgerufen; das nationale Leben hatte seine schönsten Blüthen in Kunst und Wissen= schaft getrieben — die Gemüther waren durch äußere wie durch innere Erlebnisse in ihrer Tiefe erregt und aufs Höchste gespannt.

Es mußte eine Abspannung folgen. Und diese Abspannung machte sich, wie auf allen geistigen Gebieten, so auch in der Pädagogik geltend. Wir brauchen blos die pädagogisch literarischen Erscheinungen der jüngst vergangenen Zeit, etwa seit 1840, mit denen aus den drei ersten Decennien unsers Jahrhunderts zu vergleichen: die frühere Kraft und Frische ist dahin, es ist, als triebe der Herbst noch einige kümmerliche Blüthen hervor.

Das ist die Zeit, wo das Princip, welches die neue Periode der Geschichte überwunden hatte, noch einmal das Haupt erhebt und sich Geltung zu verschaffen sucht, die Zeit der Reaction. Der Feudalismus und die Hierarchie suchten noch einmal, indem sie sich so viel als möglich den Formen des modernen Lebens anbequemten, die alte Herrschaft wieder zu gewinnen. Und Deutschland, das so lange der Spielball fremder Mächte gewesen war, sollte auch jetzt wieder an der Gestaltung seines eigenartigen innern Lebens verhindert werden; unsichtbar machte sich der auswärtige Einfluß geltend, Rußland kam den feudalen, Oestreich mit seinem Concordat den hierarchischen Bestrebungen zu Hilfe.

Aber nicht ungestraft läßt sich das Rad der Geschichte rückwärts drehen. Der russische Feudalismus sollte im Krimkriege, die östreichische Hierarchie im Jahre 1866 die Nemesis der Geschichte erfahren. Jetzt fängt das geistige Leben an sich wieder mit neuer Kraft zu regen: wir stehen im Morgenschimmer einer besseren Zeit.

Schon in der letzten Zeit. Altensteins, unter Kortüm, fing das geistige Leben an zu erschlaffen. Harnisch bezeichnet mit dem Eintritte Kortüms in die obere Unterrichtsverwaltung die Periode der Reaction. Unter Eilers ging es noch weiter rückwärts. Das Interesse, das man ehedem an den Volksschulen gehabt hatte, schien in das gerade Gegentheil umgeschlagen zu sein. Dies geht aus einer Verfügung vom 5. Januar 1845 hervor, wonach Unterofficiere nach 12jähriger Dienstzeit, wenn sie für das Schulamt Neigung und Fähigkeiten zeigten, zu einem 2= resp. 6monatlichen Vorbereitungscursus in einem Seminar „kommandirt" werden könnten, wozu übrigens noch die sarkastische Bemerkung gemacht wird, „daß, da die Verhältnisse des Lehrerlebens nicht äußerlich so anlockend wären, ein großer Andrang der zwölf Jahre dienenden Unterofficiere zum Schulfach nicht zu erwarten stünde" — ja, ja, sie nahmen lieber eine Polizeidienerstelle an!!

Der Lehrerstand war damit aufs Empfindlichste verletzt, seine

Berufsfreudigkeit untergraben; auch die Schulen wurden dadurch in den Augen des Volkes herabgesetzt. Eine tiefe Verstimmung ging damit durch die ganze Lehrerwelt, das Schulwesen war in der Wur= zel angegriffen. Denn die rechte Wirksamkeit kann der Lehrer nur in Liebe und Begeisterung zu seinem Amte ausüben; Liebe aber läßt sich durch kein Gesetz und keine Verordnung erzwingen. Wo der Lehrer nicht von der Liebe des Volkes und der vorgesetzten Be= hörden getragen wird, da erstirbt auch die Liebe des Lehrers und das innere Leben der Schule welkt dahin.

Die frühere freie Bewegung auf dem pädagogischen Gebiete hörte auf. Lehrbücher, die früher in Ansehen gestanden hatten, ja von früheren Beamten selbst verfaßt waren, z. B. von Dinter und Niemeyer, wurden verboten. Unterm 17. April 1844 erging sogar ein Rescript, welches den Geistlichen vorschrieb, „von den Büchern, welche die Lehrer schon besitzen und zu ihrer Belehrung gebrauchen, Kenntniß zu nehmen!" —

Wenn die frühere Periode auf Selbstständigkeit der Lehrer hin= gewirkt hatte, so versuchte man jetzt das gerade Gegentheil.

Natürlich mußten solche Erlasse, selbst ohne besondere specielle Vorschriften, auch auf die Lehrerbildung in den Seminarien ihre Rückwirkung äußern. Wir vermissen bald Namen von pädagogischer Bedeutung unter den Preußischen Seminar=Directoren, die früheren, die sich mit der neuen Aera nicht befreunden konnten, gingen ab, wie Harnisch, oder wurden beseitigt, wie Diesterweg — die Folgen solcher Zeiten zeigen sich jetzt: das Schulwesen liegt darnieder, über 1200 Lehrerstellen werden von unreifen Präparanden, die selbst noch der Erziehung sehr bedürftig sind, oder von Leuten verwaltet, die auch nicht die geringste Vorbildung zum Schulamte genossen haben.

Ein Zeichen und ein Product dieser Zeit sind denn auch die Regulative vom 1., 2. und 3. October 1854 über Einrichtung des evangelischen Seminar=, Präparanden= und Elementar=Unterrichts.

Der principielle Schwerpunkt liegt im dritten Regulativ, wel= ches die Einrichtung und den Unterricht der evangelischen einklassigen Elementarschule vorschreibt, denn mit diesen Bestimmungen ist auch Ziel und Richtung der Seminar= und der dieselbe vorbereitenden Präparandenbildung gegeben. Die Principien der Regulative müssen daher aus dem dritten Regulativ beurtheilt werden. Dasselbe an dieser Stelle einer eingehenden Betrachtung zu unterziehen, würde zu weit führen. Ich verweise in dieser Beziehung auf die schon oben angeführte Schrift: „Die Dorfschulen" ꝛc.

Des Zusammenhanges wegen und zur Begründung der nach= folgenden Abschnitte geben wir die Hauptsätze der Kritik.

Die Regulative treten zur Altensteinschen Verwaltung in einen directen Gegensatz.

Während unter Altenstein der geistigen Bewegung der freieste Spielraum gelassen wurde, schreiben die Regulative Alles, oft bis aufs Wort vor.

Altenstein sagt (Circular=Rescript vom 12. Mai 1826): „Es geht aus der Natur der Sache hervor und ist durch die Erfahrung hinlänglich bewiesen, daß zur wahren inneren Verbesserung des Schulwesens zwingende Maßregeln eben so unnöthig als un= wirksam sind" — die Regulative: „Es ist an der Zeit, dasjenige nunmehr amtlich zur Befolgung vorzuschreiben, was von denen, welche die Bedürfnisse und den Werth einer wahrhaft christ= lichen Volksbildung kennen und würdigen, seit lange (!) als noth= wendig gefühlt, von treuen und erfahrenen Schulmännern als dem Volke wahrhaft frommend und als ausführbar erprobt worden ist." Sogar das Evangelium wird zur amtlichen Vorschrift, zum Gesetz: „Der Lehrer soll geheiligt sein, an Christi Statt zu sprechen: Lasset die Kindlein zu mir kommen." Gewiß ist die Heiligung ein Postulat des Christenthums als freie Frucht des Glaubens, aber nicht eine Vorschrift des Staates. Etwas Anderes ist es, ob der am Kreuz gestorbene Erlöser ein solches Postulat ausspricht („Ihr sollt vollkommen sein"), oder eine Staatsverwaltung. Si duo fa- ciunt idem, non est idem. — In der Religion ist der Lehrer an das Wort der guten Historien=, in den Realien an das der Lese= bücher gebunden.

Der Zweck der Schulbildung unter der früheren Verwaltung war die allgemeine Menschenbildung, die Entwickelung der mensch= lichen Anlagen und Fähigkeiten zur Selbstthätigkeit, im ethischen Gebiet zur Freiheit, d. i. zur sittlichen Selbstbestimmung. So sagt der Minister von Stein: „Es ist nicht hinreichend, die Meinungen des jetzigen Geschlechts zu lenken, wichtiger ist es, die Kräfte des folgenden Geschlechts zu entwickeln. Dieses würde vorzüglich kräftig geschehen durch Anwendung der Pestalozzi'schen Methode, die die Selbstthätigkeit des Geistes erhöht, den religiö= sen Sinn und alle edleren Gefühle der Menschen erregt,

das Leben in der Idee befördert und den Hang zum Le=
ben im Genuß mindert und ihm entgegen wirkt."

Die Regulative sagen: „Der Gedanke einer allgemein
menschlichen Bildung durch formelle Entwickelung der Geistes=
vermögen an abstraktem Inhalt hat sich durch die Erfahrung
als wirkungslos oder schädlich erwiesen."

Altenstein setzte den Zweck der Bildung in den Menschen, die
Regulative setzten ihn außer denselben. Nach ihnen soll der Mensch
gebildet werden für Staat, Kirche, Familie, Beruf. Staat und Kirche
sind die Hauptsache, sie werden nach mittelalterlichen Begriffen auf=
gefaßt. Diese Bildung zur Kirche nennen die Regulative christliche
Bildung. Auf diesem Fundament des Christenthums wollen sie das
Leben des Volkes neu gestalten, als ob das Volk unter Friedrich
Wilhelm III. unchristlich erzogen wäre!

Altenstein wollte, daß der Mensch von innen heraus entwickelt
werde, die Regulative von außen nach innen, dort ist der Mensch,
hier der Stoff die Hauptsache.

Unter Altenstein war die geistig entwickelnde Methode in Gel=
tung, in den Regulativen die mechanische Anfüllung des Gedächtnisses
mit Lehrstoff, Uebung in Fertigkeiten.

Aus den Principien der Regulative müssen sich consequenter
Weise auch andere Forderungen an die Lehrerbildung ergeben, als
wie sie unter Altenstein gestellt wurden. Wir kommen darauf im
II. Theile wieder zurück.

Zweiter Theil.

Zur Ausführung.

———

I.

Formelles. — Nothwendigkeit der Seminarien. — Begriff des Seminars. — Internat oder Externat?

Sind die Pestalozzi'schen Ideen ewig und die daraus abgeleiteten Principien wahr, d. h. den ewigen Ideen entsprechend, so würden wir uns durch Aufstellung eines absolut Neuen nur von der Wahrheit entfernen. Allerdings werden in manchen Fragen von untergeordneter Bedeutung Meinungsverschiedenheiten mit Solchen, die ebenfalls zu den Pestalozzi'schen Ideen sich bekennen, hervortreten; wir werden unsere Ansichten mit Gründen belegen, uns aber wegen vielleicht in individuellen Anschauungen wurzelnder unwesentlicher Verschiedenheiten — denn gerade auf dem Felde der Erziehung hat die Individualität des Erziehers wie des Zöglings die größte Berechtigung — mit Niemand in Streit einlassen. Wir wissen das Wesentliche vom Unwesentlichen zu unterscheiden und streben keine Uniformität in allen Einzelnheiten an.

Etwas anderes aber ist es, wo uns ein principieller Gegensatz entgegen tritt. Hier gilt es, die Wahrheit unserer Principien zu vertreten und tiefer zu begründen. Es gibt in der Pädagogik zwei solche entgegengesetzte Principien, sie finden sich beide in der Geschichte ausgeprägt. Als Repräsentanten dieser beiden Richtungen — nicht, weil sie in Preußen sich finden — werden wir hauptsächlich die unter Altenstein zur Geltung gelangten Festsetzungen, wie sie in obigen aus Beckedorff's Jahrbüchern angeführten Aufsätzen niedergelegt sind, einerseits, und die Regulative andererseits betrachten, womit jedoch nicht gesagt sein soll, daß sich diese Gegensätze in andern deutschen Staaten nicht auch fänden, nur sind sie hier nicht so scharf ausgeprägt.

Um gute Schulen zu bekommen, muß man gute Lehrer haben,
sagt Beckedorff, und die Bildungsanstalten für die Volksschullehrer
sind die Seminarien.

Von vorn herein tritt uns hier die Frage entgegen, ob der
Lehrer denn auch einer besonderen Bildung zur Ausübung seines
Berufes bedürfe, oder ob nicht die sichere Kenntniß der Gegenstände,
welche in der Volksschule zu lehren sind, schon zur Uebernahme eines
Lehramtes befähige. Die Geschichte hat die Frage nach der Nothwendigkeit besonderer Lehrerbildungsanstalten bejaht, wir übergehen
darum deren nähere Begründung; auch muß sich dieselbe von selbst
aus dem weiteren Verlaufe unserer Betrachtung ergeben. Wir dürfen
dies um so mehr, da von keiner Seite ein erheblicher Widerspruch
gegen die Seminarien erhoben ist. Nur mit den feudalen und
hierarchischen Anschauungen können sich die Seminarien immer noch
nicht vertragen. So wird in dem „Bericht der Unterrichts-Commission des preußischen Herrenhauses über den Entwurf des demselben
vorgelegten Unterrichts- und Dotationsgesetzes" vom 16. Februar
1868 (S. 21) von mehreren Seiten darauf hingewiesen, „daß die
Ausbildung der Lehrer in den Seminarien zu ernsten Bedenken
Anlaß gebe. Dieser Bildungsgang wecke häufig Ansprüche, die später
nicht erfüllt würden und nicht erfüllt werden könnten und die natürliche Folge hiervon sei, daß die Lehrer sich in ihrer Stellung
nicht befriedigt fühlten;" aber dergleichen Ansichten bedürfen einer
Widerlegung nicht mehr. Sie erinnern uns nur lebhaft an jene
Zeiten, wo man die Lehrerstelle als eine Versorgungsanstalt für den
Domestiquen des gnädigen Herrn ansah; aber diese Zeiten sind hof-
fentlich in Deutschland für immer vorüber. —

Aus den beiden zu Ende des I. Theils angeführten entgegen-
gesetzten Ansichten über den Zweck der Schulen werden sich auch
ganz verschiedene Forderungen an die Lehrerbildung ergeben. Denn
wenn man die Schulen mit den Regulativen für reine Unterrichts-
Anstalten ansieht, die höchstens durch Mittheilung eines realen Unterrichtsstoffes erziehlich wirken, wenn die Selbstthätigkeit des Lehrers
so weit beschränkt ist, daß ihm in den Lehr- und Lernbüchern der
betreffende Stoff vorgeschrieben ist, so muß danach auch die Lehrerbildung sich gestalten.

Die Regulative setzen (S. 5) als Aufgabe des Seminar-Unter-
richts, „daß durch denselben und durch Benutzung der mit den Seminarien verbundenen Uebungsschulen die angehenden Lehrer zum

einfachen und fruchtbringenden Unterricht in der Religion, im Lesen und in der Muttersprache, im Schreiben, Rechnen, Singen, in der Vaterlands- und Naturkunde — sämmtliche Gegenstände in ihrer Beschränkung auf die Grenze der (einklassigen) Elementarschule — theoretisch und praktisch befähigt werden." Das „Theoretische" beschränkt sich auf bloße Kenntniß dessen, was in der Elementarschule und wie es gelehrt werden soll. Es heißt weiter: „Nicht diejenige Bildung, welche in einzelnen Fällen von einem Lehrer für eine gehobene Stadtschule gefordert werden mag (?), sondern die Bildung und das Können (!), welches das Schulehalten (!) in der gewöhnlichen, aus Einer Klasse bestehenden Elementarschule von den Lehrern erfordert, ist die von allen Zöglingen zu erreichende Aufgabe des Seminars." — „Gestatten es Zeit- und Verhält= nisse eines Seminars, unter Festhaltung des hierin angegebenen Zieles noch weitere Kreise des Unterrichts zu beschreiten (?), so ist hierzu specielle Erlaubniß erforderlich." Aber woher da die Lehrer für die Stadtschulen, und gar für gehobene Stadtschulen nehmen? Die Regulative antworten: „Durch Anlage und sonstige Verhältnisse begünstigte Schulamts=Kandidaten werden vor oder nach der Seminarzeit Gelegenheit finden, materiell (!) den Kreis ihrer Kennt= nisse zu erweitern." — Die anderen Lehrer brauchen es nicht, sie haben genug an der Bildung und dem „Können" für die einklassige Elementarschule und bleiben dabei stehen. Daher kommt es wohl auch, daß sich unter den jetzt gebildeten Lehrern fast gar keine fin= den, die sich für Stadtschulen eignen. Damit ist aber den Stadt= schulen die Art an die Wurzel gelegt.

Als pädagogische Bildung setzen die Regulative fest: „Die Zög= linge müssen im Stande sein, selbstständig und ohne Hilfe dasjenige, was sie gelernt, wiederzugeben (also hersagen), und von demselben in der Uebungsschule unmittelbare Anwendung zu machen."

„Es wird dieses ein geeignetes Mittel sein, um den Seminar= Unterricht vor Abstractionen zu bewahren und die Zöglinge sofort zur praktischen Anwendung des theoretisch Erlernten anzuleiten." Die theoretische Bildung der Regulative besteht also darin, daß der Unterrichtsstoff in der Form, wie er in der Elementarschule zur Ver= werthung kommt, auswendig gelernt wird. Jede wissenschaftliche Behandlung der Disciplinen ist damit ausgeschlossen.

„Die unbedingte Erreichung dieses Zieles darf nicht in Frage gestellt oder behindert werden durch den Versuch einer wissenschaft=

lichen Behandlung der Disciplinen." Daher sind auch die eigent=
lich wissenschaftlichen Disciplinen vom Lehrplane der Seminarien
entfernt, also die·Pädagogik, die Methodik, Didaktik ꝛc. — was sollen
sie auch? Der Lehrer hat ja nicht den Menschen zu bilden, son=
dern ihn nur mit Unterrichtsstoff zu erfüllen und ihm Fertigkeiten
anzulernen.

In diesen Sätzen sind Begriff und Aufgabe des Seminars,
wie sie sich die Regulative denken, im Allgemeinen festgestellt; es
ist die nothwendige Consequenz von der Auffassung der Volksschule
als einer bloßen Unterrichtsanstalt.

Bei einer solchen materialistischen Auffassung der Aufgabe der
Seminarien wird eigentlich die Seminarbildung ganz überflüssig.
Die Schüler, die aus einer Stadtschule abgehen, haben ja schon weit
mehr Kenntnisse, als im Seminar mitgetheilt werden sollen:*) und
was den Unterricht in diesen Kenntnissen und den grundlegenden
Fertigkeiten des Lesens, Schreibens und Rechnens betrifft, so ist dazu
höchstens eine kurze Anweisung eines geübten Lehrers nothwendig,
ein dreijähriger Seminar=Unterricht ist dazu ganz überflüssig. Wir
können daher in der Erscheinung, daß in Preußen schon über 1200
Lehrerstellen von Nichtseminaristen verwaltet werden, nur eine ein=
fache Consequenz der seit 1840 maßgebenden Principien erblicken.
Ist die Volksschule weiter nichts, als eine bloße Unterrichtsanstalt,
so braucht man auch keine besonders ausgebildeten Lehrer.

Haben wir in Obigem Begriff und Aufgabe der Seminarien,
wie sie von der einen pädagogischen Seite aufgefaßt werden, und
die daraus sich ergebenden Consequenzen dargelegt, so betrachten wir
jetzt auch die Auffassung der anderen Seite.

Beckedorff setzt als Aufgabe der Volksschule: „in allen ihren
Erweisungen gegen die Kinder, und zwar nicht weniger im Unter=
richt nach Inhalt und Form, als in der Disciplin, erziehend
zu sein." (I. S. 40).

Die Disciplin soll ein höheres, sittliches Ziel haben, sie soll
nicht blos vor Ausschreitungen bewahren, sondern den Sinn für

---

*) Es ist interessant, eine Vergleichung anzustellen zwischen dem, was die
Unterrichts= und Prüfungsordnung für die preußischen Real= und höhern Bürger=
schulen von den Schülern dieser letzteren fordert, und was die Regulative von
den Seminaristen verlangen! Wie tief steht da die Lehrerbildung unter der Volks=
bildung. Das erhöht jedenfalls nicht des Lehrers Ansehen! —

die Tugenden bilden, nicht durch äußere Mittel, sondern hauptsächlich durch persönliche Einwirkung.

„Der Unterricht aber als ein erziehender hat die Aufgabe,
die noch schlummernden Anlagen und Kräfte des Kindes
durch den Unterrichtsstoff allseitig anzuregen, sie plan-
mäßig und naturgemäß von innen heraus zu entfalten
und ihnen von Anfang an die Richtung auf das Göttliche
zu geben; und weil das Kind, welches unterrichtet wird, nicht nur
ein bildungsfähiges, sondern auch ein mit der Sünde behaftetes
Wesen ist, und weil mit der Entfaltung aller seiner Kräfte gleich-
zeitig sich auch der Keim des Bösen entfaltet, so muß der Unterricht
durchgängig nicht blos bildend, sondern auch heilend sein." *)

Daß diese Anschauungen bis 1840 maßgebend geblieben sind,
beweist der Provinzial-Schulrath O. Schulz im Schulblatt für die
Provinz Brandenburg. Im Jahre 1836 schrieb derselbe (S. 92 ff):

„Das Geschäft des Lehrers besteht nicht blos im Lehren, seine
eigentliche Aufgabe ist, die Schüler zu erziehen."

„Erziehung ist planmäßige Einwirkung auf die vollständige Entwickelung im Menschen."

„Der Grundgedanke, aus dem alle Grundsätze der Erziehung
sich folgerecht ableiten lassen, ist: Der Mensch soll zur Menschlichkeit erzogen werden."

„Der Grundsatz: Der Mensch soll zum Menschen erzogen werden, enthält den ganzen Kern der Erziehungskunst. Es
kommt darauf an, die Anlagen der menschlichen Natur und die
Stellung des Menschen zu allem, was außer ihm vorhanden ist,
genau zu erkennen, seine Anlagen zu Kräften zu entwickeln und ihn
für die Gemeinsamkeit eines vernünftigen und gottseligen Lebens
geschickt zu machen."

„Die sittliche Bildung, Bildung und Richtung des Willens auf
das Gute, ist die Hauptsache. Hieraus mag man entnehmen, welch
eine kläglich Ansicht von der Schule und von der Erziehung alle
diejenigen haben, die Unterricht und Erziehung für beendet halten,
wenn das Kind nur im Lesen, Schreiben und Rechnen nothdürftig

---

*) Wir haben diese letzten Worte mit angeführt, um die pestalozzi'schen
Principien gegen den Vorwurf des seichten Rationalismus oder der Unchristlich-
keit, der ihnen in der That gemacht ist, zu rechtfertigen. Die allgemeine Menschenbildung steht durchaus nicht mit der christlichen Heilslehre im Widerspruch.

unterrichtet ist und die fünf Hauptstücke des Katechismus mit dem Gedächtniß aufgefaßt hat." (S. 99).

Aus dieser Aufgabe der Volksschule ergeben sich auch natürlich ganz andere Forderungen für die Seminarien, als wie sie oben dargelegt wurden.

Das Reglement für das Seminar zu Mörs sagt:

„Die Zöglinge sollen nicht blos in allen den Kenntnissen und Fertigkeiten, deren sie für ihren Beruf bedürfen, gründlich unterwiesen und zugleich zu deren richtiger Anwendung angeleitet und geübt, sondern vor allen Dingen zu frommer und gottesfürchtiger Gesinnung erweckt und zu einem tugendhaften Lebenswandel angeführt und gestärkt werden, damit sie ihre künftige wichtige Bestimmung, die ihnen anvertraute Jugend zu verständigen, unterrichteten und thätigen Mitgliedern der menschlichen Gesellschaft, zu treuen und gehorsamen Unterthanen, und vornehmlich zu guten und Gott wohlgefälligen Menschen zu erziehen mit reichlichem Segen erfüllen mögen."

Im Berichte über das Potsdamer Seminar heißt es:

„Die religiös=moralische Bildung der jungen Leute ist uns die wichtigste. Demnächst liegt es uns vorzüglich an, daß sie denkende, mit freier Geistesthätigkeit wirkende Lehrer werden, und endlich bemühen wir uns, sie mit einer tüchtigen Kenntnißbildung und tüchtiger praktischer Geschicklichkeit auszustatten."

Das Neuwied'er Seminar will die Zöglinge „nicht zu ängstlicher Nachahmung einer bestimmten Lehrweise, sondern zu freier selbstständiger Behandlung des Lehrstoffes anleiten und dahin bringen, daß sie ihren Unterricht jederzeit mit der genausten Rücksicht auf die eigenthümliche Beschaffenheit und die individuellen Bedürfnisse ihrer Schüler ertheilen lernen."

In dem Bericht über das katholische Seminar zu Brühl wird noch als Aufgabe des Seminars angeführt, „die Zöglinge für ihren wichtigen Beruf mit heiligem Eifer und Willen zu erfüllen."

Der Vice=Ober=Land=Rabbiner M. S. Weyl faßt die allgemeine Aufgabe des von ihm errichteten Seminars folgendermaßen: „Mit dem aufrichtigsten Eifer werde ich dieser neuen, für das Religions= und Sittenbedürfniß meiner Glaubensbrüder so wohlthätigen Anstalt meine Kräfte weihen, und mit der wissenschaftlichen Bildung

der Schüler ganz besonders die religiös-moralische zum Gegenstand meiner Aufmerksamkeit machen; sowie bei der Wahl der Hülfslehrer die möglichste Sorgfalt beobachten, damit Geist und Herz
derer rein und edel gebildet werde, die einst ihren Brüdern
zum Muster und Vorbilde dienen, und mit Beispielen ächter Gottesfurcht und wahrer Menschenliebe vorangehen sollen."

Aus diesen Aufgaben, welche sich die damaligen Seminarien
selbst stellten, treten folgende, den Begriff des Seminars constitui-
rende Momente hervor:

1) Die Seminarien sollen zur Gottesfurcht und einem tugendhaften Lebenswandel erziehen;

2) sie sollen ihre Zöglinge zur Selbstständigkeit erziehen, zu den-
kenden, mit freier Geistesthätigkeit wirkenden Lehrern;

3) sie sollen ihre Zöglinge mit heiligem Eifer und Willen für
ihren künftigen Beruf erfüllen;

4) sie sollen auf die eigenthümliche Beschaffenheit und die individu-
ellen Bedürfnisse der Kinder zur Ertheilung eines erziehlichen
Unterrichts hinweisen, also in Pädagogik auf Grundlage der
Anthropologie, Psychologie und Logik unterrichten;

5) sie sollen Kenntnisse im Zusammenhange mittheilen (wissenschaftliche Behandlung des Stoffes);

6) sie sollen ihre Zöglinge mit praktischer Lehrgeschicklichkeit aus-
statten.

Wir wüßten diesen Bestimmungen nichts hinzuzusetzen. Die
Vergleichung aber der Seminarien von sonst und jetzt können wir
getrost dem Urtheile des Lesers überlassen.

Eine ganz neue Aufgabe hat ein sächsischer Seminar-Director,
Schmidt in Annaburg, für sein Seminar erfunden, nämlich „die
Zöglinge zum freiwilligen Gehorsam gegen ihre geistlichen Vorgesetzten zu erziehen"*) — man sieht, daß es auch in andern deutschen Staaten Regulativ-Principien gibt —; der Director des Seminars für Stadtschulen in Berlin, W. Thilo, definirt dagegen ein
Seminar als „eine Bildungsanstalt des Staates zur Erlangung
eines für seine Interessen und nach seinen Intentionen geeigneten Lehrernachwuchses an öffentlichen Schulen." — Spaß muß
auch sein. —

---

*) Aus: E. Richter: die Anforderungen der Gegenwart an den Volksschul-
lehrer. Leipzig 1867. S. 16. —

Es bleibt uns an dieser Stelle noch ein Wort über eine zwar
nur das Aeußerliche betreffende, aber direct aus jenen Bestimmungen
abgeleitete Einrichtung zu sagen übrig, nämlich über das Internat.
Die Frage ist: Sollen die Zöglinge des Seminars im Seminar
selbst erzogen werden, indem sie dort Wohnung und Unterhalt
empfangen, oder nicht?

So viel mir bekannt, wurden in allen preußischen Seminarien,
welche unter Altenstein errichtet wurden, Internate eingerichtet. Ein
besonderes Gesetz existirt darüber nicht. Die trüben Erfahrungen,
die man in den früheren Seminarien gemacht hatte, mochten zu
dieser Einrichtung das Meiste beigetragen haben. So sagt O. Schulz
über das von Hecker 1748 gegründete Seminar, welches 1817 auf=
gelöst wurde: „Nur vier Zöglinge, die sogenannten Hausseminaristen,
fanden Wohnung in dem Lokal der Realschule, alle übrigen wohnten
zerstreut in der Stadt umher, und setzten, um sich zu erhalten, ihr
Handwerk fort; eine dauernde Einwirkung auf das sittliche Verhalten
der Seminaristen war bei solchem Verhältniß nicht möglich, und es
ist leicht zu begreifen, wie viele von ihnen, „im Sittlichen verschlech=
tert und in ihrem Wissen wenig gebessert", in ihre Heimath zurück=
kehrten."

Zu diesen Erfahrungen kam das neue Princip der Erziehung,
welches man auch auf die Seminaristen anwendete. Und allerdings
mögen wohl bei der damaligen Vorbildung und sonstigen Beschaf=
fenheit der Seminarzöglinge die Internate für Viele eine Wohlthat
gewesen sein. Aber für eine nothwendige Forderung zur Erreichung
der Seminarzwecke halten wir das Internat nicht, ja, wir glauben
sogar, daß die erziehliche Thätigkeit des Seminars, die Erziehung
zur Selbstständigkeit, außerhalb des Seminars mit Hilfe des vielge=
staltigen Lebens sich leichter erreichen läßt. In dieser Beziehung
könnte das Internat sogar einseitig wirken und dieser Fehler wurde
bei jenen ersten Seminarien nur durch die Persönlichkeit der Semi=
nar=Direktoren vermieden. Darum denken auch jetzt noch Lehrer,
welche unter Dinter, Harnisch, Diesterweg, Henning u. A. gebildet
sind, mit Liebe und Begeisterung an ihre Seminarzeit zurück; das
ist aber nicht Folge des Internats, sondern des persönlichen Verkehrs
mit jenen für das Erziehungsfach hoch begeisterten Männern. Diese
Begeisterung ist in unserer materialistischen Zeit gar sehr geschwun=
den. Auch hat sich der Begriff des Internats gegen damals sehr
verändert, denn wenn man damals das Seminar als eine Fami=

liengemeinschaft ansah, so betrachtet man es jetzt als eine kirch=
liche Gesellschaft.

Diesterweg sagt (Rheinische Blätter 1837. I. S. 311 u. 321):
„In den meisten Seminarien ist die Einrichtung getroffen, daß alle
Zöglinge gemeinsame Wohnung und Tafel haben, familienweise
beisammen wohnen." — „Für jeden Fall scheint es mir angemessen
und segenbringend zu sein, wenn zwischen den Seminaristen
und ihrem Director das zutrauensvolle Verhältniß der
Familienglieder zu dem Hausvater besteht, wo jeder Ein=
zelne in der Ehre des Hauses seine eigene sucht, wo Einer für den
Andern einsteht, wo nicht Furcht allein, sondern auch, und weit mehr
noch, die Liebe regiert."

Dagegen wird in den Hausgesetzen des Seminars zu Pölitz
(Centralblatt für die gesammte Unterrichts=Verwaltung in Preußen.
1866. S. 101) das Seminar als eine „für den Dienst in der
Volksschule vereinte Hausgemeinde" dargestellt. „Der Eintritt
und die Aufnahme in die Hausgemeinde des Seminars kann
überhaupt nur in der Voraussetzung erfolgen, daß der Eintretende in
der empfangenen Taufgnade steht und in derselben zu beharren
begehrt!"

Wenn wir nun auch ein principielles Bedenken gegen die in
liebevollem Geiste geleiteten Internate nicht haben, wenn sie nur
dem Seminaristen die möglichst freie Bewegung auch außer dem
Seminar gestatten und nicht in die Zucht eines modernen Klosters
ausarten, so halten wir es doch für zweckentsprechender, wenn mit
dem Seminar ein Internat nicht verbunden wird. Man komme
mir nicht mit den Versuchungen, die dem Seminaristen außer dem
Hause entgegentreten; die, die ihm in klösterlicher Zucht und in
vollständiger Abgeschlossenheit vom Leben nahe treten, sind viel schlim=
mer, nicht bloß die fleischlichen, sondern auch die geistlichen, die zu
pharisäischem Hochmuthe verlocken.

Das Kind soll allerdings im engen Familienkreise erzogen
werden, es ist ganz an den Willen der Eltern gebunden, es soll
ohne den Willen der Eltern sich nicht vom Hause entfernen, aber
vom Jünglinge wird kein verständiger Vater dasselbe verlangen, der
muß schon einen gewissen Grad von Selbstständigkeit haben, muß
lernen, in der Welt sich zu bewegen, muß seine Kräfte im Leben
versuchen. So führte die göttliche Erziehung das Volk Israel zu=
erst in das von der damaligen Welt ganz abgeschlossene Kanaan,

ließ es dann eine schwere Lehrzeit im Lande Aegypten durchleben, aber das Jünglingsalter brachte sie hinaus in die Welt zu Kampf und Ringen.

Es ist eine verkehrte Ansicht von der Macht der Erziehung, wenn man glaubt, durch sie Alles ausrichten zu können, ebenso wie das Wort: „Wer die Schule hat, hat die Zukunft" ein verkehrtes ist. Wer zuviel erzieht, erzieht schlecht. Der Charakter bildet sich „im Strom der Welt." — „In geschlossenen Seminarien muß der Zögling arbeiten, wenn es vorgeschrieben ist, sich erholen, wenn die dazu bestimmte Stunde schlägt. Er hat weder Zeit noch Gelegen= heit, einmal, sei es in Arbeiten, sei es in erlaubtem Genuß, seinen Neigungen zu folgen. Sein Leben fließt eintönig einen Tag wie den andern dahin; Fleiß und Anstrengung ist ihm keine Lust, son= dern eine vorgeschriebene Arbeit, die in ihm nur Unlust erregen muß; er sinkt nach und auch zum bloßen Arbeiter, zum Tagelöhner herab, und wenn die glückliche Stunde schlägt, wo er des Seminar= Zwanges entlassen wird, ist es auch mit Fleiß und Anstrengung meist vorbei und er überläßt sich auch als Lehrer gar zu gern geistiger Trägheit und verfällt in Arbeitsscheu." Wenn Gräfe weiter sagt, daß der Zögling dadurch dem Familienleben und den bürger= lichen Verhältnissen entfremdet werde, daß er losgerissen werde vom Volke, daß vaterländische und volksthümliche Gesinnung in ihm er= stickt oder zurückgehalten werde, so geht er zu weit; die Erfahrung widerspricht ihm. Man könnte auch im Gegentheil daraus, daß er dem Familienleben auf wenige Jahre entrückt wird, die Folgerung ziehen, er lerne es dadurch erst recht kennen und schätzen, und was die vaterländische und volksthümliche Gesinnung betrifft, so leben 17—20jährige Jünglinge noch in ganz andern Sphären. Das Seminar kann auch beim Internat eine tüchtige vaterländische Ge= sinnung pflanzen, hauptsächlich durch einen guten Geschichtsunter= richt und eine volksthümliche durch Einführung in den nationalen Geist durch die klassische Literatur. —

Zu beherzigen aber sind folgende Worte: „Wir haben noch fortwährend Gelegenheit, das äußerliche Wesen, die Eingebildetheit auf äußerliches Lehrgeschick, die hochmüthige Aufgeblasenheit gegen Gleichstehende, aber auch die geistige und sittliche Unselbstständigkeit, die Charakterlosigkeit und die speichelleckerische Knechtsdemuth an Lehrern zu beobachten, die unter dem verderblichen Einflusse der Seminarluft in geschlossenen Seminarien, zumal unter den Augen und der Hand kleinmeisterlicher, die äußere Form als das Höchste schätzender Seminarlehrer sich entwickelt und durch andere begünstigende Umstände weiter herausgebildet hat. Geschlossene Seminarien sind geeignet, die künftigen Lehrer an blinden Gehorsam zu gewöhnen, Knechtssinn einzuimpfen und sie heranzubilden zu starrem und unduldsamem rechtgläubigem Kirchenthume." Einen Beleg hierzu liefert die Erziehung der Jesuiten, welche nur darauf ausgeht, auch den letzten Funken von Selbstständigkeit im Zöglinge zu unterdrücken. „Dem jesuitischen Zöglinge muß das Gebot der Kirche, der Wille der Obern als unbedingtes Gesetz gelten. Daher ist sein Gehorsam auch ein blinder; er muß nach Loyala's sauberer Idee werden perinde ac cadaver." *) Ein solches Ziel kann man allerdings nur in vollständig geschlossenen Anstalten erreichen, womit jedoch noch nicht gesagt ist, daß das die unausbleibliche Frucht derselben sein müsse.

Bei den Gelehrtenbildungsanstalten hat man selten Internate. Wenn die Zöglinge dieser, deren Viele doch einst zum geistlichen Amte übergehen, den Versuchungen des Lebens — ich rede mit den Worten der Gegner — so ausgesetzt werden, warum will man bei den Lehrern andere erziehliche Grundsätze anwenden?

Kurz, wir halten das Internat nicht für ein zum Begriffe des Seminars nothwendig gehöriges Moment; wir halten die den Zöglingen gewährte Freiheit in der Zeit, wo sie im Seminar nicht beschäftigt sind, für vortheilhafter zu ihrer Ausbildung.

II.
Die Vorbildung zum Seminar.

Die Frage wegen der Vorbildung zum Seminar ist unter den Pädagogen, welche sonst einer Richtung angehören, noch eine offene.

Das Volksschulgesetz für das Herzogthum Gotha bestimmt hierüber in §. 31: „Bedingung für die Aufnahme ins Seminar ist Gymnasial=Vorbildung und zwar mindestens die Reife für die Prima des Progymnasiums (der Realschule) zu Ohrdruf, oder ein

---

*) Palmer. Evangelische Pädagogik. I. 138.

der Höhe dieser Forderung gleichstehendes Examen." Außerdem wird
noch musikalische Vorbildung verlangt.

Aehnlich spricht sich eine an das preußische Abgeordnetenhaus
im Jahre 1862 von Lehrern in Berlin und eine von Lehrern in
Breslau gerichtete Adresse aus. Sie verlangen dasjenige Maß von
Bildung, welches für den Abiturienten einer höheren Bürgerschule
gesetzlich vorgeschrieben ist; die Breslauer Petition noch mit dem
Zusatze: oder welches in der Secunda einer Realschule I. Ordnung
erreicht wird.

Der eingehende „Bericht der Unterrichts-Commission des preu=
ßischen Abgeordnetenhauses, betreffend den Inhalt und den Erlaß
eines Unterrichtsgesetzes" vom Jahre 1862, enthält folgende in der
Commission zur Annahme gelangten Sätze: „Für die Aufnahme in
das Schullehrer=Seminar muß von den Präparanden ein höheres
Maß und eine zeitgemäßere Form der Vorbildung verlangt werden,
als es nach den Vorschriften der Regulative geschieht. Die genauere
Feststellung des Maßes erfolgt durch das Unterrichtsgesetz. — Die
Erlangung der geforderten Vorbildung ist der freien Wahl des
Aspiranten zu überlassen."

Das zweite Regulativ (über die Präparandenbildung) enthält
folgende Bestimmungen. „Die Vorbildung der Seminarzöglinge
geschieht nicht in geschlossenen Präparandenanstalten, sondern durch
die freiwillige Thätigkeit von Geistlichen und Lehrern."

„Der Präparand soll den Lehrerberuf durch einen vorsichtig ge=
ordneten und geleiteten Gehülfendienst in der Schule verstehen und
lieben lernen, damit er mit dem Wesen und der Aufgabe des Lehrer=
berufs durch Anschauung und Gewöhnung unmittelbar bekannt ge=
worden sei."

Zur Aufnahme ins Seminar wird verlangt: in der Religion
Auswendigwissen des Katechismus, einer Anzahl Sprüche, der Peri=
copen, einer Anzahl Psalmen, der biblischen Historien mit den Worten
des eingeführten Historienbuches und 50 Kirchenlieder. In den
sonstigen Kenntnissen und Fertigkeiten werden etwa die Forderungen
gemacht, die man als Ziel einer einklassigen Dorfschule kennt.

Abgesehen von der Fülle des hier geforderten religiösen Memorir=
stoffes und den geringen Anforderungen an die sonstige innere Aus=
rüstung, abgesehen auch von der mechanischen, rein gedächtnißmäßigen
Bildungsweise, so wie von dem gänzlichen Mangel eines höheren
Zweckes, der durch den Unterricht anzustreben wäre — Fehler, an

denen die Regulative überhaupt leiden — stimmen wir zunächst der
Forderung nicht bei, daß die Präparanden schon zum Unterrichten,
wenn auch nur als Gehülfen, angehalten werden sollen. Es spricht
sich darin die Ansicht aus, die auch wirklich ausgesprochen ist, daß
man zum Lehrerberufe „durch Anschauung und Gewöhnung"
gebildet werden könne; es heißt das aber auch die noch unreifen
Knaben vorzeitig in eine Thätigkeit einführen, die sie erst erstreben,
zu der sie sich tüchtig machen, für die sie sich würdig erweisen, die
sie als schönsten Lohn redlichen Arbeitens und treuer Hingabe erlangen sollen. Jemand aber durch Anschauung und Gewöhnung
allein mit dem Wesen und der Aufgabe des Lehrerberufes bekannt
machen wollen, ist in seiner Art dasselbe, was der Rationalismus
wollte, als er die Welt durch Anschauung moralischer Vorbilder und
Tugendübungen bessern wollte. Wie zu allem sittlichen Thun ein
höherer Geist im Herzen wirksam sein muß, so auch zur Erziehung.
Dieser Geist muß erst geweckt werden. — Und was soll der junge
Mensch, der schon durch Anschauung und Gewöhnung das Wesen
und die Aufgabe des Lehrerberufs kennen gelernt hat, noch im Seminar? Er ist ja schon fertig! Die Folge solcher vorzeitigen Einführung in das Schulfach ist Eigendünkel und Naseweisheit.

Wir können aber auch dem nicht beistimmen, daß ein Präparand so nebenbei von einem Lehrer fürs Seminar vorgebildet werde,
ebensowenig wie der Bestimmung der Unterrichts-Commission des
preußischen Abgeordnetenhauses oder der des Gothaer Schulgesetzes:
die Erlangung der geforderten Vorbildung der Wahl des Aspiranten
zu überlassen. Es liegt diesen Bestimmungen die materialistische
Anschauung zu Grunde, als ob es nur auf ein gewisses Quantum
von Kenntnissen und Fertigkeiten ankomme, durch dessen Darlegung
in einem Examen man den Eintritt ins Seminar erlangen könne.
Nein, es kommt hauptsächlich auf die innere harmonische Durchbil-
dung des Präparanden an. Soll er einmal schulgerecht bilden, soll
er erziehlich unterrichten, dann muß er selbst schulgerecht gebildet
sein. Die Regierung verlangt zu manchen untergeordneten Aemtern
im Staate schon eine gewisse Vorbildung durch höhere Schulen und
zur Vorbereitung im Lehramte sollte eine solche laxe Art der Vorbildung genügen? Nimmermehr. Wir verlangen bis zum Eintritt
ins Seminar eine fortgehende strenge Schulbildung; aber nicht auf
abstrakt wissenschaftlicher Grundlage, die vom Allgemeinen zum Besondern, vom Begriff zur Sache geht, die vom Leben abführt, wie

sie die Gymnasien und die preußischen Real= und höhern Bürger=
schulen geben, sondern auf naturgemäß entwickelnder Grundlage, die
von den Elementen ausgeht, vom Besondern zum Allgemeinen, von
der Anschauung zum Begriff, wie sie die Volksschulen geben.

Wir können darum auch der Forderung der Breslauer und
Berliner Petenten und des Gothaischen Schulgesetzes, welche die
Vorbildung auf einem Gymnasium oder einer Realschule fordern,
nicht beistimmen. Diese als rein wissenschaftliche Anstalten führen
auf ganz andere Wege, als wie sie der Volksschullehrer gehen soll;
ihre Bildung ist von der in den Volksschulen generell unterschieden.
Der Volksschullehrer aber muß ganz in der Art gebildet sein, wie
er diese Bildung einst ausüben soll. Das ist die rechte „Anschauung
und Gewöhnung", die man in sich selbst erfahren hat. Mit Zög=
lingen aus Gelehrtenanstalten würden die Seminarien, wenn sie
anders dem Princip der naturgemäßen Erziehung huldigen, nur
ihre liebe Noth haben.

Wir verweisen über das Weitere auf das oben angeführte Werk,
die Stadtschulen, worin die Bildung in der höheren Bürgerschule
als Volks= und nicht Gelehrten=Schule dargelegt ist.

Außerdem ist aber für den Präparanden noch eine weiter
gehende musikalische Bildung nöthig, auf die wir aber hier nicht
weiter einzugehen brauchen, da darüber die Ansichten Aller über=
einstimmen.

III.

Die Seminarbildung im Allgemeinen.

Wir haben oben darauf hingewiesen, daß die Volksschulbildung
mit dem 14. Lebensjahre noch nicht zum Abschluß gelangt sein kann,
sondern daß sie sich wenigstens bis zum 17. fortsetzen müsse, wenn
sie ihren Zweck annähernd erreichen soll. Wir forderten darum
auch, außer der höhern Bürgerschule als Fortsetzung der Elementar=
schule, Fortbildungsanstalten mit geringerer, die technische Berufs=
bildung nicht beeinträchtigender Stundenzahl für die Städte, wie
für die Dörfer, die im innigsten Zusammenhange mit der Elementar=
schule stehen und ebenfalls vom Volksschullehrer geleitet werden
müssen.

Diese Fortbildungsschulen existiren schon an vielen Orten, sie werden sich immer weiter ausbreiten und auch gesetzlich festgestellt werden, denn sie sind eine innere Forderung der Pädagogik, wie des praktischen Lebens. Wir müssen deshalb auch auf sie Rücksicht nehmen bei der Festsetzung der Lehrerbildung. Nicht bloß für die Elementar= oder gar nur für die einklassige Dorfschule soll der Lehrer gebildet werden, sondern für die ausgebildete Volksschule, so daß er die Zöglinge bis zum 17. Jahre unterrichten könne; auch im Französischen und Englischen, denn das sind Fächer der höheren Bürger= schule, welche ja der Seminarist vorher besucht haben muß.

Mit der Forderung, daß der Lehrer auch für die Fortbildungs= schule auf dem Dorfe gebildet werden müsse, erledigt sich die Frage, ob besondere Seminarien für Stadt= und besondere für Dorfschulen einzurichten wären. Wenn der Unterricht in der einfachen Dorfschule auch nicht von gleichem Umfange sein kann, als in der ausgebildeten Stadtschule, so muß doch der Lehrer auf dem Dorfe auch im Stande sein, die Leitung der Bildung bis zum 17. Jahre zu übernehmen, muß also eben so weit und eben so tief gebildet sein, als der Lehrer in der Stadt, die Principien sind ohne= dies dieselben. Wenn in den höheren Stadtschulen fremde Sprachen noch auftreten, die wir auch im Seminar fortgeführt wissen wollen, diese fremden Sprachen aber auf dem Dorfe nicht zur Anwendung kommen, so kann auf einem solchen nebensächlichen und nicht einmal principiellen Unterrichtsgegenstand keine Trennung der Seminarien begründet werden. Schaden wird ja dem Dorfschullehrer die Be= kanntschaft mit den fremden Sprachen nicht, eben so wenig wie sie dem Geistlichen schadet, vielleicht kann sie sogar Manchem förderlich werden durch Privatunterricht 2c.; jedenfalls ist dadurch sein geistiger Horizont erweitert und seine Bildung intensiver geworden, selbst wenn er die Beschäftigung mit fremder Sprache später ganz aufgeben sollte. Den fremdsprachlichen Unterricht aber etwa facultativ zu machen, d. h. der eigenen Wahl der Seminaristen zu überlassen, bringt Unsicherheit in den ganzen Zusammenhang des Seminarunter= richts. Gegen dergleichen facultative Unterrichtsgegenstände, wie sie z. B. auch auf Gymnasien, mit denen Realschulen in Verbindung standen, eingeführt waren, hat die Erfahrung entschieden. Der Unterricht muß für alle Fächer obligatorisch sein.

Gehen wir nun zur Aufgabe des Seminars im Allgemeinen über, so ergiebt sich dieselbe aus dem Begriff der Volksschule.

Soll die Volksschule durch den Unterricht erziehlich wirken, so muß zunächst der Lehrer auf solche Weise gebildet sein. Er muß also selbst seine Bildung in der Volksschule genossen haben und nicht in der Gelehrtenschule. Auch im Seminar hat sich der Unterricht jenem höheren Zwecke der allgemeinen Menschenbildung unterzuordnen, freilich soll er des deswegen kein Elementarunterricht werden; er hat sich da fortzusetzen, wo der Volksunterricht aufgehört hat. Denn nur ein allseitig und harmonisch ausgebildeter Mensch kann wieder allseitig und harmonisch bilden, nur ein religiös-sittlicher Mensch kann zur Religion und Sittlichkeit erziehen, nur ein denkender Mensch kann die Denkkräfte entfalten, nur an einem Charakter bilden sich Charaktere.

Diese allgemeine Menschenbildung, welche auch im Seminar die oberste Richtschnur abgibt, wird nur am Schlusse Gegenstand unserer Betrachtung sein.

Die specielle Aufgabe des Seminars ist die Lehrerbildung.

Der Lehrer muß den Zweck und das Ziel der Bildung, sowie die Mittel und Wege, welche dazu führen, genau kennen. Ohne diese Kenntniß geht er in der Irre und tappt im Finstern; er bleibt ein geistiger Tagelöhner, der höchstens mechanisch das nachmacht, was ihm andere vorgemacht haben. Vor diesem Mechanismus muß ihn die Wissenschaft der Pädagogik bewahren, die nach ihrer idealen Seite wie nach ihrer Anwendung Hauptlehrgegenstand des Seminars ist.

Zwischen Wissenschaft und Wissenschaft ist allerdings noch ein Unterschied; wir wollen mit dieser Forderung der Wissenschaftlichkeit die Seminarien nicht zu Gelehrtenanstalten oder Universitäten machen. Wir verlangen damit nicht, daß der Seminarist in wissenschaftliche Systeme der speculativen Philosophie eingeführt werde, nach dieser Richtung hin ist sein Geist weder vorgebildet, noch hat er in diesem Alter die Höhe un die Stärke erreicht, daß er an solchem Unterrichte innere Befriedigung empfände und einen rechten Gewinn davon hätte. Wir stimmen darum auch nicht dem bei, was der Lehrplan für das Seminar zu Gotha in dieser Beziehung anführt, er bringt den ganzen Index aus irgend einem Lehrbuche der Psychologie und Logik: „Die Sinne, ihre Eigenschaften und Thätigkeiten, das receptive Seelenleben in seiner Gesetzmäßigkeit und Bedeutung; die Reproduction, die Associationsgesetze ꝛc." Psychologie und Logik treten nur als Hilfswissenschaften auf, nicht als selbstständige Disciplinen.

Was den Unterrichtsstoff betrifft, so kommt es im Seminar zunächst nicht darauf an, das Quantum desselben noch zu vergrößern, sondern denselben dem höhern Zwecke der Erziehung unterzuordnen. Zu einer fruchtbaren Verwerthung desselben ist es aber unumgänglich nöthig, daß der Lehrer über dem Stoffe stehe, daß er eine Ueber= sicht über das Ganze bekomme, daß er das Einzelne als einen orga= nischen Theil eines organischen Ganzen kennen lerne, daß er eine deutliche Erkenntniß von dem Zusammenhange dessen unter sich er= langt habe, woraus die dem Schüler mitzutheilenden Kenntnisse ent= nommen sind; es muß ihm also eine Encyclopädie des Wissens ge= geben werden. Das hebt ihn über den Stoff, nicht aber das sichere Auswendiglernen der Worte. Auf unsere Art wird aber auch der Schatz seiner Kenntnisse bereichert und sein geistiger Horizont er= weitert.

Endlich aber ist auch Aufgabe des Seminars, die praktische Anleitung zum Ertheilen eines erziehlichen Unterrichts zu geben.

Die specielle Aufgabe des Seminars umfaßt demnach:

1) Die ideale Grundlegung, welche die Natur und die Bestim= mung des Menschen kennen lehrt (Methodik). Hilfswissen= schaften dabei sind Anthropologie (Physiologie und Psychologie), Logik, Ethik.

2) Die Behandlung der einzelnen Unterrichtsgegenstände (Di= daktik).

3) Die praktische Anleitung, welche in der mit dem Seminar verbundenen Volksschule die Lehren zur Anwendung bringt und die Seminaristen durch eigene Uebung befestigt.

Daß bei solchen Anforderungen an das Seminar die Seminar= lehrer selbst pädagogisch, wissenschaftlich und praktisch, durchgebildet sein müssen, versteht sich von selbst. Wir könnten uns wundern, daß die Unterrichts=Commission des preußischen Abgeordnetenhauses den besondern Satz aufnahm: „An Seminarien sind nur solche Lehrer anzustellen, die sich bereits als lehrtüchtig bewährt haben. Zu Seminar=Directoren sind nicht vorzugsweise Theologen zu ernennen, sondern vor allen Dingen bewährte Schulmänner und Pädagogen," da ja eine solche Forderung ganz selbstverständlich ist; aber aus den Festsetzungen der Commission folgt er nicht, darum mußte er noch besonders hervorgehoben werden. Wir kommen darauf im nächsten Abschnitte zurück.

Zur gründlichen Lösung obiger Aufgabe ist aber mindestens eine

Zeit von drei Jahren erforderlich, daher muß der Seminarcursus ein dreijähriger sein.

IV.
Die ideale Grundlegung.

Die Pädagogik ist die Wissenschaft von der Erziehung der Kin=
der. Zur Erziehung gehört, daß man den Zweck und das Ziel, so
wie das Object derselben kennen lerne, daß man die Mittel bereit
habe und anwenden könne.

Darum bestimmt auch das Reglement für das evangelische Schul=
lehrer=Seminar zu Mörs: „Um die Seminaristen mit dem ganzen
Umfange ihres wichtigen Berufs vertraut zu machen, wird ihnen
auch in der Methodik, Didaktik und Pädagogik der nöthige Unter=
richt ertheilt, welcher aber nicht in dem Vortrage einer trockenen
weitläufigen Theorie oder in angehäuften theoretischen Regeln be=
steht, sondern ihnen in beständiger Verbindung der Theorie mit der
Praxis eine kurze, aber klare und gründliche Uebersicht der allge=
meinen Grundsätze der Methoden=, Unterrichts= und Erziehungslehre
verschafft, und ihnen das Allgemeine wie das Besondere dieser Leh=
ren durch das Beispiel der mit dem Seminar zu verbindenden
Uebungsschule, wie durch den von den Seminaristen unter Aufsicht
der Lehrer fortwährend zu ertheilenden Unterricht in allen Fächern
anschaulich macht."

Die Pädagogik, speciell die Methodik gibt die Idee der Er=
ziehung, erhebt die Erziehung aus einem bloßen „Laisser aller"
oder aus einer mechanischen Abrichtung zur Wissenschaft und Kunst
zugleich. Von einer höheren Idee muß der Erzieher beseelt sein,
von einem höheren Standpunkte aus muß er seine Aufgabe über=
schauen, soll er die Kinder auf einen höheren Standpunkt führen,
soll er, wie Curtmann die specielle Erziehung näher definirt, den
Zögling gewöhnen, das Fleisch dem Geiste zu unterwerfen, d. h. nach
einer sittlichen Idee thätig zu sein.

Diese sittliche Gestaltung des inneren Lebens, das ist der eigent=
liche Zweck aller Erziehung, dem alles Uebrige unterzuordnen ist;
die Dogmatik nennt es die Heiligung. Die Sittlichkeit ist nicht
blos etwas Accidentelles im Prozesse der Erziehung, sie ist das

Essentielle, das Wesen, die Substanz der Erziehung selbst, der auch der Unterricht zu dienen hat.

Die Regulative aber sind anderer Ansicht, sie setzen die Sitt=lichkeit in die Form. „Was die Form des Unterrichts be=trifft, so soll dieselbe zunächst in sittlicher Beziehung mustergebend sein." Schärfer kann der Gegensatz nicht darge=stellt werden, als es hier die Regulative selbst thun. Man sollte es kaum glauben, wenn man's nicht läse. Die Sittlichkeit ist den Regulativen eine „Form". Hier haben wir wirklich die von Stahl geforderte Umkehr der Wissenschaft. Während man früher die Sitt=lichkeit als das Essentielle, den Stoff als das Accidentelle betrachtete, machen es die Regulative umgekehrt: der Stoff ist das Wesen, die Sittlichkeit die Form der Erziehung. Wir müssen es dem Leser überlassen, die sich aus solchen Grundanschauungen ergebenden Con=sequenzen selbst zu ziehen, werden aber gewiß nicht der „Unchrist=lichkeit" oder der „Unkirchlichkeit" gezeihen werden können, wenn wir laut und feierlich gegen diese Regulative protestiren, an denen das innere Leben des größten Theils der Nation sich emporranken, die Ziel und Richtschnur für dieses Leben abgeben sollen, und die die Sittlichkeit zu einer bloßen Form machen und doch von sich be=haupten, das sie das Leben des Volkes auf dem Fundament des Christenthums neu gestalten wollen! — —

Aus der Idee der Erziehung muß auch die Liebe, die Hingabe des Erziehers an sein heiliges Werk, muß die Begeisterung für sei=nen erhabenen Beruf kommen. Was war's denn, was Pestalozzi immer wieder hob, wenn seine praktischen Versuche fehlgeschlagen waren, wenn der Hohn und Spott seiner Feinde ihn traf, wenn der vernichtende Zwiespalt unter seinen Freunden sein ganzes Werk zu Grunde zu richten schien, was war's, wenn nicht die Macht der Idee? Auf die Höhe der Ideen den angehenden Lehrer zu heben, das ist die Aufgabe der Pädagogik. Wie das Leben ohne Ideal ein bloßes Vegetiren ist, so sinkt die Wirksamkeit des Lehrers ohne die in der pädagogischen Wissenschaft gegebenen Ideen zu einer bloßen Tagelöhnerarbeit herab; ein solcher Lehrer ist schlimmer daran, als ein Droschkenpferd, das abgehetzt wird und endlich zusammenstürzt: plan= und ziellos, ohne innere Befriedigung, hetzt er sich ab sein ganzes Leben lang, bis er endlich ins Grab steigt, und seine Stätte kennt man nicht mehr. —

Leider ist die Wahrheit, daß der Lehrer höhern Sternen folgen

müsse, daß er auf diese Sterne hingewiesen, daß er zu solcher idea=
len Thätigkeit erzogen und angeleitet werden müsse, leider ist diese
Wahrheit noch sehr wenig anerkannt, denn wir finden selbst unter
denen, die eifrige Gegner der Regulative sind, solche, welche von
einer derartigen Bildung des Lehrers nichts wissen wollen.

Der schon oben angeführte Bericht der Unterrichts=Commission
des preußischen Abgeordneten=Hauses vom 20. August 1862, welcher
im Gegensatz zu den Regulativen und in ziemlicher Ausführung ab=
gefaßt, gewissermaßen für die liberalen Parteien Richtschnur ist und
der deshalb leicht in nächster Zeit für die preußische und damit auch
indirect für die deutsche Schulgesetzgebung — denn was hier bereits
an liberalen Schulgesetzen besteht, bedarf noch sehr einer gründlichen
Revision — ein einflußreiches Document werden könnte, erkennt die
Nothwendigkeit derartiger Disciplinen, in denen wir gerade die
eigentliche Wirkungssphäre der Seminarien erblicken, nicht an; er
macht damit die Seminarien zu reinen Stoff= und Fertigkeits=
mittheilungsanstalten, und stellt sich so, trotz der gegentheiligen Be=
hauptung, auf gleiche Stufe mit den Regulativen, nur daß er eine
größere Quantität von Unterrichtsstoff verlangt.*) Es heißt in die=
sem Bericht S. 7 und 8: „Man war auch darüber einig, daß das
aufgestellte Ziel (einer allgemein menschlichen, aber nicht einer päda=
gogischen Bildung) die Mitte bilde zwischen zwei Extremen, die
beide mit Ernst zu vermeiden sind: der eine Abweg sei das Bestre=
ben, der Volksschullehrerbildung das Ziel einer theoretischen und
systematischen Wissenschaftlichkeit zu stecken, die andere Verirrung
bestehe in der Ausbildung der Lehrer nach dem System der Regu=
lative. In frühern Jahren sei mehrfach Neigung zu ersterer Ein=
seitigkeit vorgekommen; man habe in den Volksschullehrerseminarien
besondere Lehrcurse eingerichtet, nicht nur über „Pädagogik und
Geschichte der Pädagogik", sondern auch über Logik, Anthropo=
logie, Psychologie, Methodik und Dialektik. Das sei eine Verirrung. (!)

---

*) Wenn Diesterweg diesen Bericht mit unterzeichnet hat, so haben wir in
den Festsetzungen desselben über die Pädagogik nicht seine Ansichten vertreten fin=
den können; er hat sich, z. B. in seinem Wegweiser ganz anders ausgesprochen.
In einem Collegium muß sich der einzelne der Majorität fügen, und wir können
daraus ersehen, welch schwierigen Stand Diesterweg in der Unterrichts=Commission
gehabt haben mag, lernen aber auch daraus, was wir für ein Unterrichtsgesetz
zu erwarten hätten, wenn eine Staatsbehörde, ohne Rücksicht auf technische Ur=
theile, dasselbe entwerfen würde.

Man wolle ganz davon absehen, ob einmal eine Zeit kommen werde oder könne, in welcher es zweckmäßig erscheinen müsse, auch den Volksschullehrer in derartigen abstrakten Disciplinen zu unterrichten: in dem gegenwärtigen Stadium unserer Entwickelung erscheine es jedenfalls als unzweckmäßig. Die jungen Männer, welche sich diesem Berufe widmen, bringen ohne Zweifel nicht die Vorbildung mit ins Seminar, welche es ihnen möglich mache, von solchen abstrakten Vorträgen wirklichen Nutzen zu haben, und die Vorträge über diese Disciplinen nehmen ihnen Kraft und Zeit, welche für andere viel wichtigere Gegenstände unentbehrlich scheinen und führen darum bei mangelnder Vorbildung zu Halbwisserei und Oberflächlichkeit. Dergleichen Wissenschaften seien aber auch gar nicht erforderlich für die Ausbildung eines Lehrers und Jugenderziehers, und deßfallsige Anforderungen beruhen auf Verwechselung von Bildung und Wissenschaftlichkeit. Es sei ein Irrthum, wenn man meine, Psychologie und Anthropologie studiren zu müssen, um die Kinderseele zu verstehen, an der man erziehend arbeiten soll. Sonst müßten ja alle Väter und Mütter das Gleiche thun. Sonst wären auch Physiologie und Anatomie nicht minder erforderlich, namentlich wo der Lehrer berufen sei, das Turnen zu leiten. So wenig für guten Turnunterricht Kenntniße der Physiologie und Anatomie erforderlich wird, so wenig brauche der Erzieher Psychologie und Anthropologie. Nicht formale Logik brauche der Erzieher, sondern gesundes Denken; nicht Methodik und Didaktik, sondern eine gute praktische Lehrmethode. Einen Cursus der Pädagogik, in welchem den Seminaristen die wesentlichsten Grundbegriffe aus den bezeichneten Wissenschaften mitgetheilt würden, wolle man sich „allenfalls" noch gefallen lassen. Die Hauptsache bleibe immer tüchtige Bildung (Was ist nun Bildung? — etwa daß man gewisse Fertigkeiten mechanisch ausüben könne und recht viele materielle Kenntniße in sich aufgenommen habe?) und nicht theoretische Wissenschaftlichkeit. Gründlicher Unterricht in der Weltgeschichte und Geographie, in Mathematik und Naturwissenschaft, in Religion, Sittenlehre (?) und Religionsgeschichte, Kenntniß der vaterländischen Geschichte und Staatsverfassung, Verständniß der Muttersprache und ihrer Literatur, und dazu die praktischen Uebungen im Schreiben und Zeichnen, in Gesang und Musik, im Sprechen und Unterrichten und Turnen: das sei jedenfalls der Kern und Grundstock der den Volksschullehrern zu gewährenden Bildung."

5*

Die Regulative schreiben vor:

„Was bisher an einzelnen Seminarien noch unter den Rubri=
ken: Pädagogik, Methodik, Didaktik, Katechetik, Anthropologie und
Psychologie u. s. w. gelehrt sein sollte, ist von dem Lectionsplan zu
entfernen und ist statt dessen für jeden Cursus in wöchentlich zwei
Stunden „Schulkunde" anzusetzen.

„In dem Seminar ist kein System der Pädagogik zu lehren,
auch nicht in populärer Form."

„Was die Erziehung im Allgemeinen betrifft, so wird für den
künftigen Elementarlehrer eine Zusammenstellung und Erläuterung
der in der heiligen Schrift enthaltenen hierher gehörigen Grund=
sätze ausreichen. Die Lehre von der Sünde, menschlichen Hilfs=
bedürftigkeit, von dem Gesetz, der göttlichen Erlösung und Heiligung
ist eine Pädagogik, welche zu ihrer Anwendung für Elementarlehrer
nur einiger Hilfssätze aus der Anthropologie und Psychologie bedarf."
(Die heilige Schrift zu einem Lehrbuche der Pädagogik machen, ist
ein eben solcher Mißgriff, als sie als ein Compendium der Natur=
wissenschaften betrachten. Der Lehrer soll dadurch zum „Schulhalten"
befähigt werden!)

Die Aufgabe des Unterrichts in der Schulkunde umfaßt im
ersten Jahre: „Darstellung eines einfachen und bestimmten Bildes
von der evangelisch=christlichen Schule (warum nicht auch der katho=
lischen, event. der jesuitischen zur näheren Erläuterung?) nach ihrer
Entstehung und Ausbildung, nach ihrem Verhältniß zu Familie,
Kirche, Staat (sollen da etwa Fragen beantwortet werden, ob die
Familie, die Kirche oder der Staat die Leitung der Schulen zu bean=
spruchen habe?), wobei die einflußreichsten Schulmänner, namentlich
seit der Reformation, ihre Erwähnung und deren Einwirkung auf
Gestaltung des Elementarschulwesens ihre Darlegung finden können;
Charakteristik des Lehrers nach seinem christlichen und sittlichen Stand=
punkte (?); im zweiten Jahre: Aufgabe und Einrichtung der Ele=
mentarschule, der für sie passende Lectionsplan und die wichtigsten
Grundsätze des in ihr statthaften Unterrichtsverfahrens, der christli=
chen Erziehung überhaupt und der Schulzucht im Besondern; im
dritten Jahre: Bekanntmachung mit den Pflichten als künftiger
Diener des Staates und der Kirche (?), sowie mit geeigneten Mitteln
zur Fortbildung nach der Seminarzeit." — Das ist Alles, worauf
wöchentlich zwei Stunden zu verwenden sind; außer ihrer Beschrän=
kung sind aber diese Angaben noch so unbestimmt, daß man nicht

weiß, was man eigentlich daraus machen soll. Was will z. B. die
Charakteristik des Lehrers nach seinem christlichen und sittlichen
Standpunkte bedeuten in der Schulkunde? Ich dächte, das gehörte
in den Religionsunterricht. — Was heißt: ein einfaches und be=
stimmtes (?) Bild der evangelisch=christlichen Schule nach ihrer Ent=
stehung und Ausbildung und nach ihrem Verhältniß zu Kirche und
Staat? Ich weiß es nicht. Das letztere ist jedenfalls mehr ein
Thema für Staatsmänner, als für Seminaristen. — Aus der Lehre
über die Pflichten der künftigen Diener des Staates ließe sich allen=
falls eine „Gesetzeskunde" ableiten, worin die Betrachtung der Ein=
richtungen und der Grundgesetze des Staates, speciell die auf die
Schule bezüglichen, ihren Platz fänden, aber die Regulative haben
so etwas nicht im Sinne, denn in keinem der nach den Regulativen
eingerichteten Seminare findet sich. eine solche Disciplin, sie liegt
überhaupt nicht im Geiste der Regulative. Was die Regulative nun
eigentlich sagen wollen, ist mir nicht klar. — Eine Erläuterung
erhalten obige Sätze aber durch den Schlußsatz, daß den Semina=
rien unpraktische Reflection fern bleiben soll. Damit wird eigentlich
der ganze theoretische Unterricht verworfen, denn wenn keine Re=
flection über die Aufgabe der Schule angestellt werden soll, was soll
denn da eigentlich angestellt werden? Ich weiß es nicht. Kurz,
die Unbestimmtheiten bestimmen mich auch hier, von einer tiefern
Beurtheilung abzustehen. Nur was in die Tiefe geht, kann auch
eine gründliche Betrachtung hervorrufen, am Gegentheil verzehrt
man umsonst seine Kräfte.

Aber die Festsetzungen der Unterrichts=Commission bedürfen
noch einer weitern Betrachtung.

Wenn der Bericht als Hauptaufgabe des Seminars einen wei=
tern Unterricht in den Schuldisciplinen bezeichnet, die Methodik und
Didaktik aber ganz ausschließt, daneben nur noch einige praktische
Handgriffe zum Unterrichten beigebracht wissen will, so macht er das
Seminar zu einer reinen Volksschule, die nur nebenbei einige Unter=
richtsfertigkeit anzueignen habe. Dazu brauchten wir eigentlich gar
keine Seminarien, das könnte die höhere Bürgerschule unter einem
tüchtigen Dirigenten auch leisten. Wir haben schon oben angeführt,
daß gerade in der Pädagogik die Hauptaufgabe des Seminars be=
steht, der Unterrichtsstoff dient hier nur diesem Hauptzwecke. Ohne
vertraute Bekanntschaft mit der Theorie der Erziehung und des
Unterrichts fehlt dem Erzieher das Bewußtsein des Zweckes und der

Gründe seines Verfahrens, das Wort des Dichters findet auf ihn Anwendung:

> Den schlechten Mann muß man verachten,
> Der nie bedacht, was er vollbringt.

Ohne sie geht seinem Streben alles Erhebende und alles Ideale ab, wodurch sein Beruf erst einen geistigen Reiz erhält und womit er auch in die einfachsten Beschäftigungen Geist zu bringen im Stande ist. Ohne Kenntniß der pädagogischen Grundsätze sinkt darum des Lehrers und Erziehers Geschäft bald in die Gemeinheit des gewöhnlichen Wirkens hinab, es wird ein Handwerk und keine Kunst und der Lehrer wird ein Stundengeber und Schulhalter, der nur im hergebrachten Schlendrian sich bewegt und leicht zum Mieth= linge wird. Dadurch wird die Schule selbst zu einer mechanischen Unterrichtsanstalt herabgedrückt, die sich nicht erhält durch den in ihr schaffenden Geist, sondern die durch die äußere Nöthigung im Gange erhalten werden muß. Da ist freilich auch eine locale, eine tagtägliche Schulinspection von Nöthen. Durch solche Lehrer und durch solchen Unterricht aber wird das ganze Volk dem Mechanismus und Materialismus in die Arme geführt.

Das Beispiel von den Eltern, die auch nicht Pädagogik stu= dirt (!) haben, zieht hier nicht. Gebildete Eltern kümmern sich sehr wohl um Pädagogik, wie das Erwachen der allgemeinen pädagogi= schen Literatur beweist — man denke z. B. nur an die Gunst, in der die Fröbelschen Bestrebungen beim Volke stehen —, und wer es nicht thut, wer der Gunst des Zufalls Alles überläßt, wer nur der banausischen Praxis oder seinem unklaren Gefühle folgt, der kann wenigstens in dieser Beziehung auf Bildung keinen Anspruch machen. Und die Ungebildeten will man doch nicht als Vorbild für den Lehrer aufstellen? Dann liegt ja aber auch bei den Eltern die Sache ganz anders. Hier ist die angeborne elterliche Liebe, diese natürliche Liebe, die einen feinern Takt in der Erziehung schon hervorbringt; dieses principium movens fehlt aber dem Lehrer. Was dort von Natur gegeben ist, das muß hier durch die Pädagogik, die Wissenschaft von der Erziehung und dem Unterrichte, geweckt werden, indem sie das ideale Ziel und das Bewußtsein eines hohen und heiligen Berufs in der Brust des Jünglings pflanzt, der ja so leicht für alles Hohe und Edle sich begeistern läßt. Durch dieses Ideal und die Kenntniß der menschlichen Natur im Kinde kann allein jene liebevolle Hingabe er= weckt werden, welche den treuen Hirten vom Miethlinge unterscheidet.

Wenn auf das Turnen hingewiesen wird, zu dem man auch nicht Physiologie und Anatomie brauche, um es tüchtig zu betreiben, so ist dagegen zu bemerken, daß eine wissenschaftliche Betrachtung eines Unterrichtszweiges sich erst mit der Zeit ausbildet und daß das Turnen, welches von Gutsmuths zuerst angefangen, von Jahn unterrichtsfähig gemacht ist, noch eine zu neue Disciplin war, als daß sie schon wissenschaftlich sich hätte gestalten können. Und doch wird die Nothwendigkeit einer tiefern wissenschaftlichen Erfassung auch dieses Unterrichtszweiges, obwohl er doch eigentlich mehr materieller Natur ist, auch amtlich in Preußen anerkannt, insofern Lehrer, welche auf der Central-Turnanstalt in Berlin gebildet werden, nicht bloß eine praktische, sondern auch eine theoretische Ausbildung erhalten; und zwar werden dieselben in sechs Lehrstunden wöchentlich über Anatomie und Diätetik belehrt. Dr. W. Roth, Lehrer und Leiter dieser Anstalt, sagt in der Vorrede seines „Grundrisses der physiologischen Anatomie für Turnlehrerbildungsanstalten" (Berlin 1866. Vossische Buchhandlung): „Der anatomisch-physiologische Unterricht, welcher an verschiedenen Turnlehrerbildungsanstalten eingeführt ist, hat den Zweck, den dort auszubildenden Turnlehrern eine allgemeine Einsicht in den Bau und die Functionen des menschlichen Körpers zu geben. Derselbe lehrt demnach eine Hülfswissenschaft, die sich ebenso zum Hauptzweck verhält, wie der gleiche Unterricht, welcher den Malern und Bildhauern an Academien ertheilt wird, oder die Unterweisung über die Structur des Pferdekörpers an Reitschulen. Sowie ein solcher Unterricht dem Maler und Bildhauer ein tieferes Verständniß der äußeren Form erschließen soll, und. zu dem Zweck in Berlin von bedeutenden Anatomen und Physiologen ertheilt wird, an Kunstacademien eine anerkannte Nothwendigkeit ist, sowie ferner eine Kenntniß des Pferdekörpers für den tüchtigen Reitlehrer zur richtigen Hülfe als unerläßlich betrachtet wird, ebenso muß eine allgemeine Einsicht in den Bau und die Functionen des menschlichen Körpers namentlich seiner Bewegungsorgane, von dem Turnlehrer gefordert werden, welcher durch seine Thätigkeit schon von selbst zum Nachdenken über dieselbe hingeleitet wird." Der Schluß a minori ad maius ergiebt sich hier von selbst. Wenn sogar dem Maler und Bildhauer, der doch bloß den Körper ab-, nicht auszubilden hat, eine Belehrung über den Bau des menschlichen Körpers, dem Reitlehrer, der doch nur das Pferd zum Reiten gebraucht, über den Bau des Pferdes mitgetheilt wird — sollte dem, der den menschlichen

Geist selbst bilden soll, über dessen Anlagen und Fähigkeiten, ihr
Verhältniß zu und ihre Wirksamkeit auf einander, ihr Wachsthum
und die Mittel dazu u. s. w. keine Belehrung zu Theil werden?

Der Grund, daß die jungen Leute, die ins Seminar treten, nicht
die Vorbildung haben, um solchen abstrakten Vorträgen folgen und
daraus wirklichen Nutzen ziehen zu können, daß darum nur Halb=
wisserei und Oberflächlichkeit dadurch erzeugt werde, ist damit zurück=
gewiesen, daß wir eine höhere Bildung von dem Präparanden ver=
langen. Allerdings rekrutiren sich jetzt die Seminaristen wohl meist
aus Dorfschulen und das Seminar muß da erst den Unterricht er=
gänzen und weiter führen, wenn aber erst dem Lehrer die sociale
Stellung wird eingeräumt sein, die ihm seinem Berufe nach zu=
kommt, so werden sich schon anders gebildete junge Leute finden.
Aber auch unter den jetzigen Verhältnissen darf die Pädagogik im
Seminar nicht fehlen, nur muß sie dem dermaligen Standpunkte
der Seminaristen angepaßt werden. Einen abstrakten Vortrag wün=
schen wir überhaupt nicht, die Wissenschaft muß auch hier ihre un=
mittelbare Anwendung auf's Leben behalten oder vielmehr, die wissen=
schaftlichen Grundsätze müssen aus den Erscheinungen des Lebens
abgeleitet werden und wo dergleichen Vorträge über Psychologie und
Logik gehalten werden, da ist es eben ein Fehler. Wo aber diese
Wissenschaften nur zu Hilfe genommen werden, um die Lehren der
Pädagogik allseitig zu erörtern und zu begründen, da ist der Unter=
richt nicht abstrakt, sondern kräftig und lebensvoll. Wir haben ja
Lehrbücher genug, in denen der Unterricht in dieser Weise ertheilt
wird, und ich würde gern Beispiele zum Belege anführen, wenn
dadurch die Arbeit nicht zu weit ausgedehnt würde. Ich verweise
nur auf Diesterweg in der Biographie desselben von E. Langenberg
(Frankfurt a. M. 1867 bei M. Diesterweg) I. Theil S. 77 ff. —
Ich weiß nicht, wie dadurch Halbwisserei und Oberflächlichkeit, andere
setzen noch dazu Dünkel und Hochmuth, erzeugt werden soll und
kann aus meiner Erfahrung — ich habe viel mit Lehrern verkehrt,
die pädagogisch durchgebildet waren, — das Gegentheil bezeugen.
Durch Hinweis auf das erhabene Ideal der Erziehung, durch seine
Begründung und Ausführung wird gerade das geistige Streben an=
geregt und der Mensch im Hinblicke auf das hohe Ziel, nur zur
Selbsterkenntniß und Demuth erzogen. Der Hochmuth wächst auf
einem ganz andern Grunde.

Kurz, sollen die Schulen Stätten der Erziehung sein, dann

muß auch in den Seminarien Pädagogik getrieben werden, und ist
die Erziehung das Hauptgeschäft der Schulen, dann muß auch die
Pädagogik Hauptgeschäft der Seminarien, dem alle übrigen Dis=
ciplinen unterzuordnen sind, werden und welches nicht so beiläufig
in wöchentlich zwei Stunden abgemacht werden kann.

Auch Palmer, der gewiß nicht zu Oberflächlichkeit und Hoch=
muth erziehen will, stimmt damit überein. Er sagt: „Sobald der=
jenige, dem das Erziehungsgeschäft in irgend einer Weise obliegt,
über den niedrigen Standpunkt hinausgeht, auf welchem, — wie in
vielen Familien — alles, was den Kindern gesagt, gewehrt, zu lieb
oder zu leide gethan wird, wie aus augenblicklicher Stimmung, aus
Willkür hervorgeht, oder auf welchem — wie in vielen älteren
Schulen — die ganze Praxis ein überkommener Schlendrian ist;
sobald der Erzieher oder Lehrer vielmehr sein Thun in die Einheit
des Denkens zusammen zu fassen und aus dieser heraus zu arbeiten
sich bemüht: so gewinnt er eine ideale Anschauung von seiner Arbeit,
die zwar, wie alles Ideale, oft genug ihrer Verwirklichung weit
voraus sein wird, gleichwohl aber als Grundgesetz das praktische
Thun beherrscht. So schwebt ja über allem christlichen, allem sitt=
lichen Thun die Idee, die im Evangelium gleichsam zum Worte kommt
und die in Christo, welchem das Wort Fleisch ward, verwirklicht
ist." — Es ist nicht meine Absicht ein Lehrbuch der Pädagogik zu
schreiben; ich übergehe darum auch die weitere Ausführung. Es
muß auch hierin der Persönlichkeit der freiste Spielraum gelassen
werden, außerdem aber kommt auch viel auf Umstände an, wie und
wie weit diese Disciplin zu lehren ist. Ohne die heilige Begeiste=
rung für die Sache der Erziehung wird kein System, kein Lehrbuch
hier etwas ausrichten. Das wußte auch Beckedorff, welcher sagt:
„Die Hauptsache beruht in der Persönlichkeit der Lehrer und Vor=
steher, und es kommt in der Leitung mehr auf Eifer, Treue und
Geschick an, als auf äußere Einrichtungen." Ein aus dem Seminar=
Unterricht selbst hervorgegangenes Lehrbuch ist das von Schwarz=
Curtmann. An der Hand solcher Schriften muß der Lehrer sich
seinen Plan ausarbeiten, wobei ich jedoch nicht mein Bedauern unter=
drücken kann, daß diese herrliche Wissenschaft so wenige Bearbeiter
gefunden hat. Wir stimmen darum auch heut noch der Klage bei,
welche schon Beckedorff erhob, daß nämlich „unsere Universitäten

---

*) Evangelische Pädagogik. I. S. 81.

bis jetzt leider allzuwenig Rücksicht auf das Volksschulwesen und
dessen Gestalt und Bedürfnisse nehmen."

Daß eine Geschichte der Pädagogik im Seminar=Unterrichte
nicht fehlen darf, versteht sich ebenso von selbst, wie die Volksgeschichte in
die Volksschule gehört. Die Geschichte bewahrt vor Einseitigkeit und
Verflachung, vertieft die Ideen, macht uns den Gegenstand lieb und
werth. Wie sich eine pädagogische Wissenschaft nur geschichtlich aus=
gebildet hat, wie die pädagogische Wissenschaft nur die begriffliche
Bestimmung der im Leben gebräuchlichen Praxis ist, so giebt die
Geschichte der Pädagogik das lebensvolle Substrat zur Theorie der
Pädagogik, welche ohne diese geschichtliche Grundlage allerdings leicht
in rein abstracte Gebiete sich verirren kann. Die Geschichte zeigt
uns nicht blos den Fortschritt der Ideen, sondern auch die Gegen=
sätze derselben und läßt sie darum auch in schärferem Lichte hervor=
treten, und wie die Kenntniß der Errungenschaften und Großthaten
des Volkes die Liebe und Anhänglichkeit ans Vaterland einzupflanzen
geeignet ist, so macht die Geschichte der Pädagogik uns das heilige
Land der Jugenderziehung lieb und werth. Auch Palmer tritt
kräftig ein für die Geschichte der Pädagogik, wie für die Pädagogik
überhaupt. „Nur die Pädagogik, als Fach= und Berufswissenschaft
des Lehrers, muß im Seminar als geordnetes Ganzes mit wissen=
schaftlicher Begründung, insbesondere auch mit rechter Einführung
in ihre Geschichte betrieben werden; denn wie in allen Gebieten, so
ist auch hier die Geschichte darum eine so treffliche Lehrerin, weil
sie einerseits für jugendliche Gemüther dasjenige ist, was am meisten
Interesse erweckt, und andererseits das Urtheil ungemein läutert, es
aus subjectivem Meinen oder aus albernem Nachbeten zur Ob=
jectivität, zu männlicher Selbstständigkeit erhebt. Der Mangel an
wahrem geschichtlichem Sinne ist eine der Hauptursachen, warum
unsere Pädagogen so leicht von jeder neuen Erscheinung, von jedem
neuen Schlagwort sich gefangen nehmen lassen; dieser Mangel an
Geschichtssinn ist immer zugleich ein Mangel an Pietät, ein Zeichen
dünkelhafter und darum bornirter Selbstüberhebung. *)

Es ist ihr deshalb auch eine größere Ausdehnung im Lehrplane
der Seminarien einzuräumen, vielleicht ließe sich mit ihr überhaupt
der Unterricht in der Pädagogik verbinden. Sie muß aber immer
mit Rücksicht auf die allgemeine Cultur= und Socialgeschichte gelehrt

---

*) Evangelische Pädagogik. II. S. 97. 98.

werden, denn nur auf dieser Grundlage läßt sie sich recht verstehen. Das in dieser Beziehung ausgezeichnete Werk von Dr. K. Schmidt, neu herausgegeben von Dr. Wichard Lange, giebt das trefflichste Material, aus dem der Lehrer nur auszuwählen hat.

Da das jetzige Schulwesen ein Resultat einer langen geschicht= Entwickelung ist, so muß sich mit der Geschichte der Pädagogik zu= gleich eine Darlegung dieses äußeren Standes des Schulwesens in Bezug auf Verwaltung und Gesetze verbinden. Schon als Schüler der höheren Bürgerschule hat der Seminarist die hauptsächlichsten Landesgesetze kennen gelernt, das Seminar hat deren Kenntniß noch einmal aufgefrischt und dieselben unter höheren Gesichtspunkten be= trachtet, jetzt muß er auch die sein Fach betreffenden haupt= sächlichsten Gesetze kennen lernen und dadurch Einsicht erhalten in seine Rechte und in seine Pflichten.

Man verlangt von jedem Staatsbürger Kenntniß der Staats= gesetze, wer sie übertritt, wird bestraft und Unkenntniß entschuldigt nicht — und dem Lehrer wollte man eine solche Kenntniß der ihn speciell betreffenden Gesetze nicht gewähren? Durch die Kenntniß wird er in seinem späteren Amte sich manchen Verdruß ersparen, sie wird ihn vor ungerechten Ansprüchen, die er selbst an sein Amt stellen könnte, bewahren, ihm aber auch Festigkeit und Sicherheit verleihen, es liegt in dieser Kenntniß ein sittliches Moment; sie trägt bei zur Bildung des Charakters. — Auch hier müssen wir uns mit diesen Andeutungen begnügen. —

V.

Die Behandlung der einzelnen Unterrichtszweige im Seminar.

Der Unterricht in der Volksschule soll erziehlich wirken. Er wird damit von dem materialistischen und utilistischen Zwecke befreit und unter ein höheres, ein ethisches Princip gestellt; dadurch erhält er erst eine höhere Weihe. Dadurch ist aber das mechanische und handwerksmäßige Treiben aus der Schule verbannt und der Lehrer muß darauf hin gebildet werden, daß er auch den Stoff mit Geist

durchdringe, daß er ihn jenem höheren Princip dienstbar zu machen
wisse, damit er durch Mittheilung des Unterrichtsstoffes nicht blos
das Kind auf eine höhere Stufe der Erkenntniß führe, nicht blos
seine geistigen Kräfte entwickele und befestige, sondern damit auch den
Menschen veredele, damit es einst sein ganzes Denken und Thun
nicht allein mit Geist durchdringen, sondern es auch einem höheren
Zwecke dienstbar zu machen wisse.

Wie nun die einzelnen Unterrichtszweige jenem höhern
Zwecke dienstbar zu machen seien, wie ein erziehlicher Unterricht zu ertheilen sei, aufzuweisen und die Zöglinge
dazu anzuleiten, ist Aufgabe des Seminars (Didaktik).

Die Nothwendigkeit der Didaktik für Seminarien folgt aus un-
serem Princip und den daraus abgeleiteten Forderungen von selbst.
Der Unterrichtsstoff muß sich nach dem Kinde richten und nicht das
Kind nach dem Stoffe, das ist ein Grundsatz, den schon die heilige
Schrift ausspricht, wenn sie sagt, dem Kinde gebühre Milch, dem
Erwachsenen stärkere Speise, der aber von den Regulativen nicht
anerkannt wird, wenn sie z. B. gebieten, daß die Kinder die biblische
Geschichte genau mit dem Bibelworte erzählen lernen sollen, also in
einer Fassung, die in den meisten Fällen weit das Vermögen der-
selben übersteigt. Was uns in der Jugend eine Last gewesen ist,
das bleibt ein Gegenstand des Abscheu's unser ganzes Leben lang.

Wir bringen wegen der Wichtigkeit gerade dieser Diciplin noch
einige weitere begründende Momente für die Nothwendigkeit derselben bei.

Jeder Unterrichtsgegenstand übt eine andere Wirksamkeit auf
das Kind aus, der eine wendet sich mehr an das Gefühl und den
Willen, der andere an den Verstand; der eine dient zur Erregung,
der andere zur Befestigung der Denkkraft, ein dritter hebt den Geist
überhaupt auf eine höhere Stufe der Anschauung; der eine wendet
sich an die Phantasie, der andere nimmt die productive Kraft des
Geistes in Anspruch u. s. f.

Soll der Lehrer das Kind harmonisch bilden, so muß er auf
diese Wirksamkeit aufmerksam gemacht werden, damit er nicht einseitig auf das Kind einwirke. Die Didaktik wird ihn also bei Auswahl und Vertheilung der einzelnen Fächer vor Fehlern bewahren,
er wird z. B. nach einer Lection, die die Denkthätigkeit des Schülers
nach einer gewissen Richtung hin in Anspruch nahm, z. B. nach
Kopfrechnen, eine Lection eintreten lassen, wo das Gemüth mehr

berücksichtigt wird, er wird die Stunden, wo es mehr auf technische Fertigkeiten, im Schreiben, Zeichnen ꝛc. ankommt, auf die Tageszeit legen, wo die geistige Thätigkeit mehr zurücktritt und dergleichen mehr. Er muß ferner wissen, welche Unterrichtsgegenstände dem jedesmaligen Alter der Kinder entsprechend sind, er muß den Stoff selbst zur Nahrung für den kindlichen Geist noch zubereiten, damit er durch schwere Speise die Entwickelung nicht aufhalte oder unterdrücke. Ist der Stoff zu schwer, so erschlafft die Kraft, anstatt daß sie geweckt und gestärkt würde, der Frohsinn und die Munterkeit werden dem Kinde geraubt, die Lebensenergie wird getödtet, ja, nicht selten wird auch der Körper dadurch in seiner Entwickelung gestört, körperliche Schlaffheit und Kränklichkeit ist die Folge. Ich weiß Beispiele, daß ein zu früh und zu anhaltend getriebener Unterricht in fremden Sprachen — der Vater des Knaben war ein tüchtiger Philolog, aber ein schlechter Pädagog — den betreffenden Knaben allerdings sehr früh geistig entwickelte, plötzlich aber erlahmte seine Kraft, er kam nicht mehr über Tertia hinaus und mußte schließlich zu einem Handwerk übergehen, in dem er aber auch nichts leistete; seine geistige Kraft war vollständig gebrochen. Zwei andere Beispiele, wo in dem einen Falle die reine Mathematik, im andern eine einseitige Betreibung der alten Sprachen sogar auf die körperliche Entwickelung störend einwirkten, stehen mir ebenfalls als traurige Warnungszeichen vor der Seele. Und ich glaube, daß in dieser Beziehung, vorzüglich in Bezug auf Mathematik, die preußischen Realschulen zu hohe Forderungen an ihre noch viel zu jungen Schüler stellen. — So konnten auch die reinen Denkübungen, welche ehemals, hauptsächlich durch die Philanthropisten, in die Elementarschulen eingeführt waren, nicht zum Denken bringen, sie unterdrückten nur den Geist. — Eine einseitige Inangriffnahme des Menschen, z. B. nach der Seite des Gedächtnisses, schwächt unfehlbar die übrigen Seelenkräfte und der Mensch verdummt. Allerdings ist das Gedächtniß die Hauptkraft, an welche sich der Lehrer zu wenden hat, denn nur aus einer hinreichenden im Gedächtniß aufbewahrten Menge von Vorstellungen kann sich die Bildung entwickeln, aber das Gedächtniß ist nicht die einzige Kraft, die in Anspruch genommen werden soll.

Auch auf die Form des Unterrichts hat die Didaktik hinzuweisen und dazu anzuleiten. Der Lehrer muß wissen, wo und wie die akroamatische, die katechetische oder dialogische, die heuristische oder sokratische Methode anzuwenden sind; er muß in allen geübt werden, muß selbst Katechesen in einzelnen Lehrfächern ausarbeiten, muß sie mit den Kindern in der Uebungsschule durchführen ꝛc.

Diese Andeutungen mögen genügen, um darauf hinzuweisen, wie wichtig und nothwendig gerade die Didaktik für den Lehrer ist und wir können es dem Gefühl jedes Vaters überlassen, ob er seine Kinder lieber unterrichtet sieht von einem Lehrer, der nur den amt= lich vorgeschriebenen Stoff mittheilt und der dadurch möglicher Weise den zarten geistigen Organismus beschädigt oder wohl gar vernichtet, oder von einem pädagogisch und didaktisch gebildeten, der das Kind und seine Bedürfnisse kennt, der sich liebevoll auf des Kindes Stand= punkt herabläßt, um es auf eine höhere Stufe zu heben; der, weil er einige Blicke gethan in die Zartheit des geistigen Organismus — denn ihn ganz zu erforschen nach seinem tiefsten Wesen, das wird ein ewiges Problem der Wissenschaft bleiben — eine heilige Scheu hat vor diesem göttlichen Ebenbilde, das der Mensch an sich trägt, der das Kind darum auch mit der größten Vorsicht und der hingebendsten Liebe behandelt, der seinen erhabenen Beruf, Menschen= bildner zu sein, in seiner ganzen Tiefe erfaßt hat, der über sich selbst wacht, daß er nichts verderbe an diesem erhabenen Bilde, der seinen schönsten Lohn darin findet, daß er sieht, wie das Kind unter Gottes Segen zunimmt an Alter, Weisheit und Gnade bei Gott und den Menschen — wem wird das Vaterherz seine Kinder lieber überant= worten: einem Holzhacker oder einem Künstler?

Pädagogik nach Methodik und Didaktik, das ist der Boden, auf dem die wahre, freudige und durch nichts sich irre machen lassende Hingabe an den Lehrerberuf erwächst. Diese Freudigkeit im Berufe kennt der nicht, dem eine tiefere Kenntniß des innern Kindeslebens nicht zu Theil geworden ist, der das Kind nur als ein Gefäß be= trachten gelernt hat, das mit Lehrstoff vollgefüllt werden muß. Und wenn man glaubt, diese Hingabe dadurch zu wecken, daß man das liebliche Wort des Evangeliums: „Lasset die Kindlein zu mir kom= men" zu einem Staatsgesetz für den Lehrer macht, so irrt man sich; das Gesetz tödtet, der Geist macht lebendig.

Daß dem Lehrer nicht für jeden Fall und für jedes Kind Regeln gegeben werden können, versteht sich von selbst. Aber der Lehrer muß darauf hingewiesen, muß dazu angeleitet und angeregt werden, damit er auf Grundlage und an der Hand dieser Unterwei= sung selbst Erfahrungen sammele, damit er vorsichtig werde, damit er nicht Schaden anrichte, damit er das Kind zur möglichsten Voll=

kommenheit ausbilde. — Welche Last man einem Pferde auflegen kann, das weiß der Landwirth, und der Lehrer sollte nicht unterwiesen werden, was man dem kindlichen Geiste zumuthen kann? —

Ob zu dieser Unterweisung eine besondere Lection eingerichtet werde, ob sie an die einzelnen Lehrfächer sich anzuschließen habe, ist zunächst gleichgültig, wiewohl wir das Letztere für das Passendere halten — wenn nur überhaupt etwas geschieht.

Hiermit treten wir also jener Ansicht entgegen, welche als Zweck des Seminarunterrichts nichts anderes setzt, als Aneignung von Kenntnissen und Fertigkeiten und beiläufige Erwähnung einzelner didaktischer Regeln und unterrichtlicher Handgriffe. So wird er von den Regulativen und dem oben erwähnten Berichte aufgefaßt. Was die Form des Unterrichtes anbetrifft, so verbieten die Regulative sogar die Katechesen über einzelne Lehrstücke. „Es ist festzuhalten, schreiben sie vor, daß eine systematische Behandlung der christlichen Lehre, sei es in Entwickelung des dogmatischen und moralischen Lehrinhalts des Katechismus, sei es in selbstständiger katechetischer Behandlung einzelner Lehrpunkte und Bibelstellen nicht Aufgabe der Elementarschullehrer ist." Ebenso verbieten sie sokratische Lehrmethode. Sie wollen blos den Lehrstoff, klar gemacht, überliefert wissen. Bei solchem Mechanismus kann kein Leben geweckt werden.

Noch ein Wort über die sokratische oder heuristische Lehrmethode. Sie leitet das Kind an, aus seinem bisherigen Wissensschatze selbst ihm bisher noch unbekannte Wahrheiten zu finden. Dadurch wird das Kind nicht nur zur selbstständigen geistigen Thätigkeit erzogen, die Sache selbst wird ihm auch klarer und die mit eigener Kraft gefundene Wahrheit wird ihm eine liebere, sie pflanzt sich fester ins Herz ein. Gleichwie uns die durch eigene Anstrengung erworbenen irdischen Güter lieber sind, als wenn wir sie ohne unser Zuthun erlangt haben, wie wir sie dann auch fester halten, so ist es auch mit den geistigen Schätzen. — So ist es überhaupt beim Unterrichte: man soll es dem Kinde nicht zu bequem machen, dadurch ertödtet man die geistige Thätigkeit, anstatt sie zu wecken. Wenn wir dafür eingetreten sind, daß dem Kinde der Stoff angepaßt werden muß, so ist damit noch nicht gesagt, daß man ihm den Stoff wohl präparirt in den Geist legen soll, wie ehedem Basedow die Buchstaben in Semmelteig backen und aufzehren ließ. — Daß die Regulative die „Kunst des sogenannten Sokratisirens" verbieten, daß

sie sagen: „Die Methode ist nur ein Mittel, welches keinen selbst=
ständigen Werth hat" — nach unserer Ansicht liegt in der Methode
gerade die Hauptkraft für einen gedeihlichen Unterricht — hängt mit
ihrem ganzen Unterrichtssystem, wonach der Mensch nicht zur Selbst=
ständigkeit geführt werden soll und welches auch des Lehrers Selbst=
thätigkeit auf ein Minimum beschränkt, aufs Engste zusammen.
Darum üben die Regulative auch keine erhebende Wirkung aus,
weil sie kein höheres Ideal kennen. Staat, Kirche, Natur — das
Irdische, das Materiale ist ihr Ziel. Darum haben sie auch keine
Neigung zur klassischen Literatur und verbieten dieselbe den Semi=
naristen in seiner Privatlectüre geradezu — womit sie übrigens auch,
beiläufig gesagt, die nationale Bildung verneinen, denn in der Na=
tionalliteratur, der freien Schöpfung des freien Geistis, findet sich
der wesentliche Bildungsstoff dazu —, indem sie an Stelle derselben
einen auf jene obigen Ziele berechneten Stoff setzen. Sie sagen:
„Ausgeschlossen von der Privatlectüre muß die „sogenannte" klassische
Literatur bleiben; dagegen findet Aufnahme, was nach Inhalt und
Tendenz kirchliches Leben, christliche Sitte, Patriotismus
und sinnige Betrachtung der Natur zu fördern geeignet ist."
Der reale Stoff ist den Regulativen die Hauptsache, und nicht nur
das Kind, sondern auch der Lehrer wird unter diesen Stoff gestellt,
statt daß man sie darüber erheben sollte. Die Worte des Unterrichts
werden dem Lehrer im biblischen Geschichts= und im „guten"
Lesebuche gegeben. Die ganze Didaktik der Regulative besteht darin,
daß der Seminarist diesen Stoff gründlich inne bekommt, d. h. aus=
wendig lernt. Das heißt eine Last auflegen, die die, welche sie auf=
legen, selbst mit keinem Finger mögen rühren. Wer von den In=
spectoren kann z. B. alle die biblischen Geschichten mit dem Bibel=
wort erzählen? Ich behaupte: Keiner. Aber der Lehrer soll es
können, und das Kind soll es lernen. — Und durch solch einen
Unterricht glaubt man Gottesfurcht und Liebe zu Gottes Wort ins
Herz zu pflanzen? Nimmermehr.

Ehemals war das anders.

Das Reglement für das Seminar zu Mörs sagt in §. 24:
„Jeder Lehrer des Seminars hat in dem den Seminaristen zu er=
theilenden Unterrichte sich einer solchen Lehrform zu befleißigen, bei
welcher alles blos mechanische Einlernen vermieden, vielmehr jeder
Lehrgegenstand zu einer lebendigen Anschauung gebracht und dadurch
das Nachdenken der Seminaristen geweckt, ihre Beobachtungsgabe

geübt und ihr Geist zu einem freien und vielseitigen Gebrauch sei=
ner Kräfte angeleitet und gestärkt wird, während sie auch zugleich
befähigt werden, auf jeder Stufe des Unterrichts das Vorgetragene
und Erlernte Andern auf eine anschauliche, lebendige und zweck=
mäßige Art wieder mitzutheilen... Hieraus ergiebt sich von selbst,
daß die Seminarlehrer keineswegs ihren Unterricht etwa in solcher
Art zu ertheilen haben, wie die Seminaristen ihn dereinst ihren
Schulkindern geben sollen, sondern daß vielmehr der Unterricht ganz
genau den Fähigkeiten und der Bildungsstufe ihrer erwachsenen
Schüler angemessen und nur mit den nöthigen Winken und Andeu=
tungen, wie derselbe Gegenstand mit weniger vorgerückten Schülern
anders zu behandeln sein würde, durchwebt sein müsse, damit die
Seminaristen nicht zu ängstlicher Nachahmung einer bestimmten
Lehrmanier, sondern zu freier und selbstständiger Behand=
lung des Lehrstoffes angeleitet und dahin gebracht werden,
daß sie ihren Unterricht jederzeit mit der genauesten
Rücksicht auf die eigenthümliche Beschaffenheit und die
individuellen Bedürfnisse ihrer Schüler ertheilen lernen."

Das Potsdamer Seminar sagt: „Das eigne Denken und Ur=
theilen, überhaupt die eigne, freie Geistesthätigkeit der jungen Leute
anzuregen, ist uns Hauptzweck bei jedem Unterricht. Wir sind allem
todten Lernen und Gedächtnißwissen, allem mechanischen Nachsprechen
u. dgl. m. in hohem Grade abhold. Die Lehrer in unsern Schulen
sollen Geist haben, um Geist anzuregen."

Doch genug! Die Hauptaufgabe des Seminars in Bezug auf
den Stoff besteht uns also darin, daß der Seminarist lerne, densel=
ben unterrichtlich zu verwerthen und der Hauptaufgabe der Erziehung
dienstbar zu machen. Daß dazu gehört, daß der Lehrer den Stoff
beherrsche, daß er ihn vollständig inne habe, damit er frei darüber
verfügen könne, daß er darum im Seminar zugleich zu allgemeinen
Uebersichten geführt werden müsse, sind Forderungen, die sich aus
jener Hauptaufgabe von selbst ergeben und die deshalb auch keiner
weitern Begründung bedürfen. Schon O. Schulz sagt*): „Wün=
schenswerth wäre es schon, nur schwer zu erreichen, daß der Semi=
narist die erforderlichen Kenntnisse mitbringe und die ganze für
die Bildung bestimmte Zeit auf die methodische Behand=
lung der Gegenstände verwendet werde." Ebenso spricht sich

---

*) Schulblatt für die Provinz Brandenburg. 1849. S. 101.

Palmer gegen die weitere Wissensstoffanhäufung im Seminar aus*): „Nicht weitere und immer weitere Anhäufung von Stoff, sondern geistige Anregung, Weckung und Veredlung des ganzen geistigen Lebens ist die Aufgabe des Seminars, was aber allerdings nicht mit Deklamiren, sondern durch geistvolle und klare, populäre Durchdringung des Stoffes selbst zu erreichen ist."

Die praktische Anleitung geschieht in der Uebungsschule, der eigentlichen Werkstätte des Seminars. Hier sollen die theoretischen Unterweisungen Leben und Gestalt gewinnen, hier soll der Lehrer mit jenem himmlischen Geiste angehaucht werden, der aus den Kindern, denen das Himmelreich ist, bei einer naturgemäßen Behandlung uns entgegenweht, hier soll jenes heilige Feuer angezündet werden, das erleuchtend und wärmend sein Lehrerleben heben und verschönern soll. „Die Stätte, da du stehest, ist ein heiliges Land!" Dies Bewußtsein, welches durch kein Regulativ, durch keine Wissenschaft, durch keine Unterweisung geweckt werden kann, soll hier durch eigne Anschauung, durch die Sympathie der Gefühle gewonnen werden. Der menschliche Geist läßt sich nicht a priori construiren, man muß ihn selbst fühlen und finden. Und dazu ist die Uebungsschule nothwendig.

Darum muß die Seminarschule eine Musterschule sein und der Seminarlehrer muß hier ganz in seinem Berufe aufgehen. Das muß der Seminarist zunächst nur sehen, muß es fühlen. Darum soll er zuerst zuhören. So wird die Lust und Freudigkeit zum Berufe geweckt. Wenn er da sieht, wie das Kind innerlich ergriffen und angeregt wird, wie es wächst am Geiste, wie es sich dadurch gehoben und befriedigt fühlt, wenn er in dieser Freude den Dank aus den Augen der Kinder.liest — das macht einen unverlöschlichen Eindruck und gräbt die pädagogischen Lehren tief ins Herz.

Aber der Seminarist muß auch angeleitet werden, selbst sich zu versuchen, erst in einzelnen auszuarbeitenden Katechesen, später in immer weiteren Kreisen, daß er zur Selbstständigkeit gebildet werde. Aber nicht zu früh, denn das bringt üble Früchte. Darum verwerfen wir auch das Unterrichten der Präparanden.

Die Seminarschule ist aber nicht blos um der Lehrer, sie ist auch um der Kinder willen da. Damit deren Bildung nicht zerrissen, damit sie eine einheitliche werde, ist es nöthig, gerade hier

---

*) Evangel. Päd. II. S. 98.

einen strengen Lehrplan auszuarbeiten, und die Seminaristen nur innerhalb und in der Ordnung dieses Lehrplanes zu beschäftigen. Auch in den innern Organismus dieses Lehrplanes müssen die Seminaristen eingeführt werden, damit sie über dem Einzelnen nicht das Ganze aus dem Auge verlieren. Kurz: die Seminarschule hat das ins Leben umzusetzen, was die Unterrichtsstunden in der Theorie darlegten. Am Leben muß sich das Leben entzünden.

VI.

Die persönliche Bildung der Seminaristen.

Wir haben bisher die Bildung des Volksschullehrers nur mit Rücksicht auf seinen zukünftigen Beruf betrachtet, das war für uns auch die Hauptfrage. Daß damit die persönliche Bildung des Lehrers Hand in Hand gehen müsse, folgt aus unsern Ausführungen von selbst, auch ohne daß wir es besonders hervorgehoben haben. Die allgemeine Menschenbildung ist die nothwendige Voraussetzung für die Wirksamkeit des Lehrers nach dieser Richtung hin. Nur muß sie im Seminar unter anderen Formen vermittelt werden, als in der Volksschule; denn wenn hier unentwickelte Kinder zum freien Gebrauch der ihnen von Gott verliehenen Anlagen gebildet werden sollen, so hat das Seminar es mit Jünglingen zu thun, deren Kräfte bis zu einem gewissen Grade schon entwickelt sind und die im Gebrauch derselben geübt und befestigt werden sollen. Daher darf der Seminarunterricht nicht „in derselben Form gegeben werden, wie die Behandlung desselben Gegenstandes in der Elementarschule erfordert" (Regulative S. 10), weil man es hier eben nicht mit Kindern zu thun hat. Aber wie die Regulative auf den Menschen überhaupt keine Rücksicht nehmen, so unterscheiden sie auch nicht zwischen dem Kinde und dem Jünglinge. Es ist aber für den Seminaristen höchst langweilig, sagt Harnisch, und wir können hinzusetzen entnervend, entsittlichend, eine Zeitlang im Seminar durchgekindert zu werden.

Hier nur noch ein kurzes Wort in Bezug auf die religiöse Bildung. Da dieselbe die Grundlage für die Volksschulbildung

ausmacht, die religiöse Bildung aber mehr durch das Leben selbst,
als durch die Lehre vermittelt wird, so ist allerdings auf dieselbe in
den Seminarien das Hauptaugenmerk zu richten, wir meinen das
aber nicht so, daß recht viele Religionsstunden im Seminar ange=
setzt werden, denn dadurch richtet man oft mehr Schaden an, son=
dern so, daß der Zögling mit religiösem, oder, da wir im Christen=
thum die absolute Religion erkennen, mit christlichem Geiste durch=
säuert werde. Dadurch erhält erst sein Leben und Wirken die rechte
Weihe und es ist gar nicht gleichgiltig, auch für die der Religion
ferne liegenden Unterrichtsgegenstände, ob in dem Lehrer ein christ=
licher Geist lebt — wir glauben auch mit Tertullian an eine anima
quasi naturaliter christiana, setzen die Christlichkeit also nicht in
Aeußerlichkeiten —, oder ob ihm die menschliche Wissenschaft an
Gottes Stelle steht; es ist z. B. beim physikalischen und chemischen
Unterricht — es klingt paradox — nicht gleichgültig, ob man die
Naturgesetze, wie wir sie als Menschen erkannt haben, als oberste
und alleinige Richtschnur der irdischen Entwickelung ansieht, oder ob
man in dem Naturgesetz den Gesetzgeber anerkennt und ehrt. Da=
mit soll nicht gesagt sein, daß man im naturhistorischen Unterricht
etwa immer auf Gott hinweisen oder hie und da ein Bibelwort an=
führen soll, um den Unterricht „christlich“ zu machen, ums Himmels
willen nicht! — „Man merkt die Absicht und man wird verstimmt!“ —,
aber man soll die Kinder durch diesen Unterricht auch nicht vom
Ursprung des Lebens hinwegziehen. Es ist für das religiöse Leben
der Schüler nicht gleichgiltig, ob der Lehrer auf pelagianischen An=
sichten, die vom Christenthum hinwegführen, oder ob er auf evan=
gelischen Anschauungen ruhe; es ist nicht gleichgiltig, ob der Lehrer
in Christo den bloßen Sittenlehrer erkennt, oder ob er auch ihm ist
„der geopferte Priester des Herrn, der Mittler zwischen Gott und
der Gottesvergessenen Menschheit.“

Aber indem wir festhalten an dem Bekenntnisse unserer evan=
gelischen Kirche, auch dem Katechismus sein Recht gewahrt wissen
wollen, — wir müssen das denen gegenüber betonen, die uns als
unchristlich und unkirchlich mit dem Anathem belegen, bemerken es
aber nicht, um ihre Gnade zu gewinnen, denn sie haben glücklicher
Weise den Himmel nicht zu vergeben, sondern um ihnen den Vor=
wand zu nehmen, uns als die Verbreiter eines irreligiösen Lebens
anzuklagen —, stimmen wir deswegen noch nicht überein mit den
Regulativen, weil in ihnen das Evangelium zum Gesetz gemacht

wird und weil sie den Geist durch den Buchstaben tödten. „Es ist erforderlich,“ sagen sie, „dem Religionsunterricht in den Seminarien einen Leitfaden zu Grunde zu legen, welcher dasjenige vollständig enthält, was künftigen Schullehrern in bestimmter Fassung zu wissen nothwendig ist. Aufgabe des Lehrers ist es, den Inhalt dieses Leitfadens zu erläutern, zum vollen Verständniß der Zöglinge bringen und zu ihrem freien (?) geistigen Eigenthum zu machen, ohne daß es weiterer materieller Zuthaten von seiner Seite bedürfte.“ — Hier wird also nicht einmal die freie Bearbeitung des Katechismus dem Lehrer gestattet! Und doch reden sie von einem freien geistigen Eigenthum. Das muß eine eigenthümliche Freiheit sein. Auf solche Weise können nur Buchstabenmenschen erzogen werden, deren geistiges Leben nicht geweckt, sondern ertödtet ist. Wie auch hierin die als unchristlich verschrieene Altenstein'sche Verwaltung die richtigen Grundsätze hatte, geht aus dem „Berichte des Herrn Striez ꝛc.*)“ hervor, wo es heißt: „Was die religiös-moralische Bildung anbelangt, so erhält sie ihre bestimmtere Richtung durch die von uns gehegte Ueberzeugung, daß es keine christliche, und überhaupt keine ächte Religiosität ohne das Element des Glaubens an das geoffenbarte Wort Gottes in der heiligen Schrift gibt; daß aber dieser Glaube weder ein blos historischer oder erlernter, noch ein in dunkeln Vorstellungen und Gefühlen sich gefallender, in religiösem Geschwätze (Maulchristenthum), süßlichem, weinerlichem oder kopfhängerischem Wesen sich äußernder, oder gar Dünkel, geistlichen Stolz und Geringschätzung Anderer hervorbringender sein darf; sondern das innerste Wesen des Menschen so ergreifen und durchdringen muß, daß die Worte der Schrift in ihm Geist und Leben werden.“

„Auf ihn, den wir in Lehre und Leben bekennen, oder mit andern Worten, auf eine lebendige Ueberzeugung von den Wahrheiten und Lehren des Christenthums basiren wir denn auch alle Religiosität und Moralität unserer Zöglinge, die uns selbst niemals genügt, und keiner besonderen Achtung von uns gewürdigt wird, wenn sie nur eine äußere, legale bleibt. Abgeneigt einem solchen Zwangswesen, gestatten wir aber auch den jungen Leuten alle die Freiheit, welche mit der Verantwortlichkeit, die wir auf uns

---

*) Beckedorf. Jahrbücher VI. S. 107.

haben, mit Bewahrung vor Verführungen und Irrwegen, die ihnen
drohen, und mit der Ordnung, die in einer Anstalt zum Wohle des
Ganzen und der Einzelnen erfordert wird, irgend vereinbar ist;
aber wir nehmen es genau, wenn diese eingeräumte, vernünftige
Freiheit gemißbraucht oder weiter ausgedehnt wird und Zügel=
losigkeit zu werden droht. — Wir beweisen große Nachsicht gegen
Fehler, welche aus keinem bösen Willen herrühren; aber wir rügen
dagegen schon die Bösartigkeit und Ungebührlichkeit, welche sich auch
nur in Mienen und Geberden äußert. —

Wir geben nichts darauf, bezeugen vielmehr unser
Mißfallen, wenn ein Zögling durch kriechendes Wesen,
durch Scheinheiligkeit in Wort oder That sich empfehlen
will; aber wir ehren auch die unbeholfene, unpolirte Gutmüthigkeit,
Zutraulichkeit und Biederkeit, und bemerken und ermuntern gern die
stille, geräuschlose Frömmigkeit und Folgsamkeit, Ordnungsliebe und
Bescheidenheit." —

Was an diesem Orte sonst noch über Charakter= und nationale
Bildung des Seminaristen zu sagen wäre, übergehen wir füglich.
Wir müssen allerdings als Postulat aussprechen, daß der Lehrer die
Bildung im vollkommenen Maße besitze, welche er im Kinde pflanzen
und pflegen soll, wissen aber auch, daß der Lehrer trotz unseres
Postulats kein Engel wird, sondern ein Mensch bleibt wie andere
Menschenkinder. Und das stimmt mild und macht nachsichtig.

Auch wollen wir nicht von der Schule reden, in die ihn bald
Gott der Herr selbst nimmt, wenn die Versuchungen kommen und
die Stürme, und wenn das Leben ans Herz greift; da muß sich
denn zeigen, ob seine Religion ächt oder unächt. Mir aber will's
oft scheinen, als hielte da die religiöse Bildung unserer jungen Leute
nicht recht Farbe, trotz des vielen Religionsunterrichts, und das stimmt
traurig und macht trübe . . .

Zum Schluß noch ein Wort über die Seminarzeit hinweg.
Das Wort des Königs Wilhelm von Preußen: „Das preußische
Heer ist das preußische Volk in Waffen" ist durch ihn selbst in „das
deutsche Heer ist das deutsche Volk in Waffen" umgewandelt wor=
den. Der allgemeinen Wehrpflicht liegt ein tiefes ethisches Princip
zum Grunde. Sie ist eine nationale Errungenschaft, auch aus

schweren Wehen geboren, wie unser ganzes nationales Leben. Her=
vorgegangen aus der Nothwendigkeit der Vertheidigung des heimath=
lichen Hofes und Heerdes, also aus einer sittlichen Idee, hat sie sich
befestigt und dient nur nicht allein zur Förderung der körperlichen
Gewandtheit, Kraft und Gesundheit, sondern führt auch zum Selbst=
bewußtsein, wie zur Selbstbeherrschung, zum Muth wie zur Beson=
nenheit, und erzieht zu selbstbewußter Unterordnung unter das Ganze,
zum Gehorsam, wie zu selbstbewußter Hingabe an das Ganze, zum
Patriotismus.

Daß dieser Theil der nationalen Bildung allen deutschen Jüng=
lingen zu Theil werde, ist eine Forderung unserer Zeit und wir
müssen dieselbe auch aussprechen in Bezug auf den Volksschullehrer.
Der Lehrer soll Soldat gewesen sein. Wenn wir aber schon für
den Schüler der höheren Bürgerschule, weil er dem Gemeinwesen
schon dadurch Nutzen bringt, daß er sich einer weiteren Ausbildung
bis zum 17. Jahre widmet und weil durch eine mehrjährige Dienst=
zeit seine Ausbildung zum bürgerlichen Berufe beeinträchtigt würde,
die Forderung einer einjährigen Dienstzeit aussprachen, so muß die=
selbe auch auf den Lehrer Anwendung finden.

Die Militär=Ersatz=Instruction für den Norddeutschen Bund
vom 26. März 1868 gestattet den Lehrern eine sechswöchentliche
Uebungszeit. Es heißt dort:

„§ 8. Militärpflicht der Schulamts=Kandidaten:

Militärpflichtige Kandidaten des Elementar=Schulamts und
Elementar=Lehrer, welche ihre Befähigung für das Schulamt in der
vorschriftsmäßigen Prüfung nachgewiesen haben, genügen bis auf
Weiteres ihrer Militärdienstpflicht bei den Fahnen des stehenden
Heeres durch eine sechswöchentliche Uebung bei einem Infan=
terie=Regiment, treten dann zur Reserve und nach siebenjähriger
Dienstzeit zur Landwehr über, in der sie die gesetzliche Dienstzeit
wie jeder andere Wehrmann abzuleisten haben. Wird ein solcher
Militärpflichtiger vor vollendetem 31. Lebensjahre aus dem Schul=
amt für immer entlassen, so kann er zur Genügung der vollen Dienst=
pflicht im stehenden Heere nachträglich herangezogen werden.“ —

Wir können dieser Bestimmung deswegen nicht beipflichten, weil
durch eine blos sechswöchentliche Dienstzeit weder der militärische
noch der ethische Zweck erreicht werden kann, und weil wir über=
haupt durch dergleichen Begünstigungen keine Kandidaten zum Schul=
fache gewonnen zu sehen wünschen.

Diese Frage kam auch in der letzten Session des preußischen Abgeordnetenhauses (1867—68) zur Sprache. Wegen der allgemeinen Wichtigkeit derselben auch für die nichtpreußischen Länder geben wir hier die Verhandlungen wieder.

Der Abgeordnete, Schulrath Bieck, hatte den Antrag gestellt, auch den nicht in einem Seminar vorgebildeten Lehrern die sechs=wöchentliche Dienstzeit zu gewähren. Das Kriegsministerium hatte dahin zielende Anträge zweier Bezirks=Regierungen schon früher ab=geschlagen. „Ich kann nur versichern," sagte der Schulrath Bieck, „daß es im Interesse der Schulverwaltung und des Volksschulwesens zu bedauern ist, wenn durch die „Vorenthaltung" dieser Vergünsti=gung und statt deren durch die Pflicht, drei Jahre zu dienen, junge Leute zurückgeschreckt werden, sich dem Lehrerberuf zu widmen und sich „privatim" vorzubereiten!" — Man kennt diese „private" Vorbereitung. Bruder Schuster und Schneider kommen da ohne Weiteres ins Schulamt, ohne die geringste fachliche Vorbildung. Und diese Forderung kann ein preußischer Schulrath „im Interesse des Volksschulwesens" aussprechen? Das ist uns ganz unbegreiflich.

Dagegen mußte ihm ein nicht pädagogisch gebildeter Mann, v. Vinke (Olbendorf) sagen, daß es im Interesse der Bildung der Schullehrer selbst und im Interesse der Volksschule sogar geboten sei, daß alle diejenigen, welche Volksschullehrer werden wollen, wenig=stens ein Jahr gedient hätten. Sie, die sonst aus der Schulstube nicht herauskämen, würden sich dadurch in der Welt etwas freier umsehen und weniger einseitig werden. Sie würden ferner lernen, mit Gewandtheit und Humanität Ordnung und Disciplin unter Menschen aufrecht zu erhalten; sie fänden Gelegenheit, sich als Turner weiter auszubilden. Auch übe es einen guten Einfluß aus, wenn man mit Leuten, mit denen man sonst in keiner Beziehung stehe, in Reih und Glied unter allen Umständen gleich behandelt werde. — Die Schulamts=Candidaten würden sich deshalb, weil sie ein Jahr dienen müßten, in nicht geringerer Zahl finden, wenn man sie nur sonst in billiger und gerechter Weise so stelle, daß sie die Aussicht hätten, ihr Leben als Schullehrer ohne bedrängten Nothstand in ge=sicherter Existenz hinzubringen. Vielleicht könne man ihnen bei ein=jähriger Dienstzeit die Equipirung, die Ausrüstung auf Staats=kosten geben.

Wir stimmen diesen verständigen Ansichten ganz bei und freuen uns, daß auch der Vertreter der Königlichen Staatsregierung, Unter=

staatssekretär Dr. Lehnert, die sechswöchentliche Uebungszeit als ein
„beneficium flebile" bezeichnete, auf dem man aber, wie die Sachen
nun einmal ständen, vorläufig beharren müsse, bis der Zuwachs an
Lehrkräften so gesichert wäre, daß man dergleichen außerordentliche
Anziehungsmittel nicht mehr anzuwenden brauche. „Es weiter aus=
zudehnen, halte ich im staatlichen Interesse nicht für heilsam und im
Schulinteresse nicht für dringend nothwendig, glaube vielmehr, daß
die Mittel, die Abnahme des Zudranges zum Lehramte
zu verhindern, anderswo gesucht werden müssen."
Und damit sind wir bei der materiellen Grundlage, die, wenn
das Schulwesen gedeihen soll, eine sichere und feste sein muß, an=
gelangt und wollen damit unsere Ausführungen beschließen.

Wir haben sehr hohe Forderungen an den Lehrer gestellt. Nur
wo das Herz nach Idealen ringt, da ist Leben. Leben heißt streben.
Ohne Ideale ist auch die Ewigkeit leer und werthlos. „Nicht, daß
ich es schon ergriffen habe, oder schon vollkommen sei; ich jage ihm
aber nach . . . . .", in diesen Worten ist das Princip alles Lebens
ausgesprochen, auch des Lehrerlebens.

Wir haben hohe Forderungen an den Volksschullehrer gestellt,
die Forderungen, die wir nun an das Volk stellen, sind auch nicht
gering. Der Lehrer soll sich ganz seinem heiligen Berufe, der Bil=
dung des heranwachsenden Geschlechts, widmen. Soll er in freu=
diger Hingabe und aufopfernder Liebe sein Amt führen, so muß er
auch von der Liebe des Volks getragen werden. Nur an Liebe ent=
zündet sich die Liebe. Nie kann man ihm mit irdischen Schätzen
bezahlen, was er an den Seelen der Kinder thut, — das verlangt
auch kein Lehrer, er wäre denn ein Miethling —, aber er soll wenig=
stens keine Noth leiden, er soll so gestellt sein, daß er sich ganz
seinem Berufe widmen kann; die Sorge um die Seinen soll ihn
nicht niederdrücken, er soll wissen, daß sie, auch wenn er nicht mehr
für sie sorgen kann, durch die Liebe des Volkes versorgt werden.
Das hebt, das stärkt, das giebt Lebensmuth! Was ihr am Lehrer
thut, das kommt euren Kindern zu Gute. Auf dieser Grundlage
allein kann ein höheres Streben erwachsen. Fehlt sie, dann helfen
auch alle Vorschriften nichts, dann helfen auch keine Ideale.

Wenn das deutsche Volk mit seinem tiefsinnigen Gemüthsleben
von den Höhen aus für das ewige Ideal der Jugendbildung er=
wärmt wird — und das deutsche Herz läßt sich so gern erwärmen
für alles Hohe und Wahre, — dann werden auch die materiellen

Quellen geöffnet werden, der Geist beherrscht dann das Fleisch. Wo aber kein frischer Lebenshauch von den Höhen herabweht, kein befruchtender Regen vom Himmel die Erde tränkt, da liegt das Land öde und wüst und die Arbeiter darben. Das Fleisch beherrscht dann den Geist.

Aber der Geist ist mächtiger als das Fleisch. Der Geist, der einst von ben Schweizer Bergen aus über das deutsche Land sich ergoß, der eine Königin Luise so beseligte, daß sie jenem Manne der Liebe „in der Menschheit Namen" dankte, er kann nicht untergehen. Verklärt wird er auferstehen und wird seinen Lebenshauch ausgießen über das heilige Land der Jugenderziehung. Dann wird es blühen und grünen, und die Arbeiter werden nicht mehr darben.

Schon sehe ich die Vorboten einer bessern Zeit.

Druck von Franz Krüger in Berlin.

Unterrichtsbücher des Seminarlehrers R. Lange
in Cöpenick.

———

Musikstücke für die Orgel und die Violine.
Eine Gabe für Seminarien und Musikschulen.
Drei Sammlungen. Preis jeder Sammlung 10 Sgr.

Diese Musikstücke sind durch den Wunsch angeregt worden, diejenigen Instrumente, welche ein Lehrerseminar seinen musikalischen Bestrebungen als am naheliegendsten bietet, nämlich Violine und Orgel, zu einem Gesammtspiel zu vereinigen, damit einmal im Allgemeinen das aus der Vereinigung beider Instrumente sich entwickelnde größere musikalische Leben zur Förderung der Zöglinge diene, im Besonderen aber auch, damit der Orgelton das Reinspiel auf der Violine fördere.

———

Zwölf Vorspiele für die Orgel
mit erläuternden Bemerkungen über ihren Bau und Vortrag.
Brochirt. Preis 8 Sgr.

Diese Vorspiele mögen, außer bei dem öffentlichen Gottesdienste, noch bei dem Studium der musikalischen Composition benutzt werden. Vorausgesetzt wird die Kenntniß der musikalischen Formen und Harmonielehre, und zwar die Erstere soweit, als sie sich auf die Liedform bezieht. Die beigefügten Bemerkungen sollen den Studirenden darüber belehren, daß ein Musikstück aus Theilen besteht, die in innigster Wechselbeziehung zu einander sich entfalten und die in wohlgeordneter Gliederung an dem Hörer vorübergehen.

———

Zwei Chöre aus dem Weihnachts-Evangelium.
„Fürchtet Euch nicht" und „Ehre sei Gott in der Höhe."
Für den Männerchor, den gemischten Chor und den dreistimmigen Kinderchor.
Mit beliebiger Instrumentalbegleitung. 2 Violinen, Viola, Cello und Contrabaß oder Orgel (Clavier).
Preis 7½ Sgr.

———

In demselben Verlage ist erschienen:

Zur Vorlage
des
Unterrichts- und Dotationsgesetzes.
Von einem deutschen Pädagogen.
Preis 6 Sgr.

Inhalt: Geschichtliche Vorbemerkungen. — Die Principienfrage. — Die einzelnen Unterrichtsgegenstände und deren methodische Behandlung. — Die confessionelle Frage und die Stellung der Schule zu Kirche und Staat. — Aeußere Organisation und materielle Lage der Volksschule.

———

Der deutsche Schulgesang seit funfzig Jahren.

Ein Beitrag zur Schulbuchliteratur

von

Rudolph Lange,

Seminarlehrer.

Preis 10 Sgr.

Das Büchlein behandelt in seinem Hauptinhalte in sehr geistvoller Weise: welche Einflüsse politischer, religiöser, methodischer und pädagogischer Art, und welche Bewegungen im Volksleben auf dem Gebiete der Industrie, der Poesie, und der Musik das Schulgesangheft umgestalten. Es wird dies an einer überaus reichen Reihe von Schulgesangheften von 1814 ab nachzuweisen gesucht. Dazu kommen noch eine Anzahl von allgemeinen Bemerkungen, welche sich die Kunst im weiteren Sinne, der Gesangmethodik und der Literatur zuwenden. Untersuchungen über die Herkunft bedeutungsvoller Lieder: wie „Heil dir im Siegerkranz", „Borussia", „ich bin ein Preuße, u. s. w. — fehlen nicht.

Die Berechtigung des Verfassers der Schrift zur Abfassung einer literarischen Revue wie die vorliegende, liegt in dessen 30jähriger Amtswirksamkeit auf dem Gebiete des Schulgesanges.

Die Lehrweise des Zeichenunterrichts

für

Schulen und Selbstlehre,

mit besonderer Rücksicht

auf

Gymnasien und Realschulen

von

C. J. Lilienfeld,

Maler und Lehrer a. d. höheren Realschule in Magdeburg.

Mit 88 Zeichnungen in stufenweiser Eintheilung.

Brochirt. Preis 27½ Sgr.

Daraus apart:

88 Zeichnungen für den Schul=Unterricht

insbesondere für Gymnasien und Realschulen

von

J. C. Lilienfeld.

(55 Figuren für drei Vorstufen — 9 Figuren für die Herleitung der Gefäßformen — 24 Figuren für die Lehre der Perspective und der Schatten=Construction.)

Preis 10 Sgr.

In demselben Verlage ist erschienen:

Kopp, Gymnasiallehrer Dr., **Die brandenburgisch-preußische Ge-schichte bis 1740.** Zur Repetition für obere Gymnasialklassen und für Freunde der nationalen Geschichte. geh. Preis 9 Sgr.

—— **Römische Literaturgeschichte und Alterthümer.** Für hö-here Lehranstalten bearbeitet. 4 Hefte. geh.

I. **Römische Literaturgeschichte.** Mit einer synchro-nistischen Uebersicht der besten vorhandenen römischen Klassiker, nach ihrer vorwaltenden Richtung geordnet. Preis 6 Sgr.

II. **Die römischen Staatsalterthümer,** mit einem Plan von Rom. Preis 10 Sgr.

III. **Die römischen Kriegsalterthümer.** Mit 30 Holz-schnitten. Preis 7½ Sgr.

IV. **Die römischen Privatalterthümer.** Mit 15 Holz-schnitten. Preis 10 Sgr.

Meißel, Dr. E., Director der Königl. Provinzial-Gewerbeschule zu Iserlohn, **Lehrbuch der Arithmetik und Algebra** für höhere Lehr-Anstalten. 23 Bogen. Eleg. brosch. Preis 1 Thlr. 25 Sgr.

Rose, Louis Frédéric, Lehrer am Schindler'schen Waisenhause zu Berlin, **Methodisches Lehrbuch zur leichten und sicheren Erlernung der französischen Sprache.** Für Schulen und zum Selbstunterricht. brosch. Preis 10 Sgr.

Sonnenburg, Dr. Rudolph, ord. Lehrer an der Realschule erster Ordnung zu St. Petri und Pauli in Danzig, **Grammatik der englischen Sprache.** Für den Gebrauch in Schulen, wie auch besonders für den Selbstunterricht. Metho-dische Anleitung zur Erlernung und Einübung der Aussprache, der Formenlehre und der Hauptregeln der Syntax. brosch. Preis 24 Sgr.